EDITORA JURISMESTRE

CONSELHO EDITORIAL

***Presidente*:**
Pablo Jiménez Serrano. Doutor em Direito, UNISAL, Lorena-SP, Unifoa-RJ, UBM-RJ.

***Membros*:**
Prof. Dr. Celso Antonio Pacheco Fiorillo (FADISP/Brsil). Livre-docenttem em Direito Ambiental. Professor Visitante/pesquisador da Facoltá di Giurisprudenza della Seconda Universitá Degli Studi di Napoli (ITALIA) e professor convidado visitante da Escola Superior de Tecnologia do Instituto Politécnico de Tomar (PORTUGAL).
Grasiele Augusta Ferreira Nascimento. Doutora em Direito, UNISAL, Lorena-SP.
Rolando Antonio Rios Ferrer. Doutor em Direito. Universidade Lusófona de Cabo Verde.
Mario González Arencibia. Doutor em Ciências Econômicas. Universidad de Habana, Cuba.
Lino Rampazzo. Doutor em Teologia pela Pontificia Università Lateranense (Roma).
Angel Rafael Marinho Castellano. Doutor em Direito, UFES.
Cláudia Ribeiro Pereira Nunes. PhD, PPGD/UVA, UBM-RJ
Ana Maria Viola. Doutora em Direito. UNISAL, Lorena-SP.
Daniele Mattoso Hammes. Doutora em Sociologia Política, UBM-RJ.

CONSELHO CIENTÍFICO-TÉCNICO

***Revisão Editorial*:** *Pablo Jiménez Serrano*. Diretor.
***Tradução*:** *José Alfredo Jiménez Serrano.* Professor de Língua Inglesa e Literatura Espanhola.
***Projeto gráfico da capa*:** *Luciano Fonseca.* Tecnologia de Sistema de Computação, UFF.

FICHA CATALOGRÁFICA
Bibliotecária: Alice Tacão Wagner - CRB 7/RJ 4316

S487j
Serrano, Pablo Jiménez.
Justiça e direito. [livro eletrônico] / Pablo Jiménez Serrano.
Rio de Janeiro: Jurismestre, 2016.

105 p. : Il.

ISBN 978-85-69257-17-2

1. Direito. 2. Direito - filosofia.3. Direito - metodologia. I. Título.

CDD – 340

AF854466

***Editoração e Acabamento*:**
Editora Jurismestre – Rua H, n. 173
Fone: (24) 99905-8200 – 27251-223 – Volta Redonda, RJ.
www.editorajurismestre.com.br www.jurismestrecursos.com.br
contato@jurismestre.com.br

Pablo Jiménez Serrano

Graduação em Direito pela Universidade do Oriente, Cuba (1983), Mestrado em Epistemologia da Política e do Direito pela Universidade São Judas Tadeu (2005) e Doutorado em Direito pela Universidade do Oriente, Cuba (1996), diploma revalidado (RECONHECIDO), de acordo com os documentos constantes do Processo n. 2000.1.4694.1.7 pela Universidade de São Paulo - USP/SP (02 de agosto de 2004). Cursou o Programa de Doutorado: Metodologia Fontes e Instituições Jurídicas da Universidade de Alicante, Espanha. Professor e pesquisador do Centro Universitário Salesiano de São Paulo, Unisal, Lorena. Professor e pesquisador do Centro Universitário de Volta Redonda, UniFOA. Tem experiência na área de Direito, com ênfase em Direito Civil e Direito do Consumidor, atuando principalmente nos seguintes temas: Metodologia do Ensino e da Pesquisa Jurídica, Hermenêutica e Interpretação Jurídica, Filosofia do Direito, Ética Pública e Empresarial, Teoria do Direito etc. É autor de vários livros e artigos científicos.

"Direito e Justiça são duas faces da mesma moeda".

Pablo Jiménez Serrano

SUMÁRIO

INTRODUÇÃO

Por que definir a Justiça? ou melhor, por que um autor, jurista ou filósofo deveria se ocupar com a significação do conceito justiça?

As respostas reservadas a estas questões justificam a importância desta obra, por meio da qual queremos afogar, de uma vez para sempre, a dúvida acerca da relação que existe entre o Direito e a Justiça.

Pois bem, na presente obra discutimos essa relação. Logo, indagamos do Direito a teleologia que define a sua razão: sentido e função. De fato, o ideário de um "direito justo" começa pela definição da Justiça, importando saber se ela (a Justiça) emana das leis naturais (justiça natural), de preceitos divinos (justiça divina) ou de uma mera convenção humana (justiça positiva) imposta pelo próprio homem.

A definição do Direito e, por extensão, da Justiça, para muitos, pode parecer insignificante, irrelevante. Mas temos a compreensão de que a ideia de "justiça" que ora sustentamos, nos permite orientar a resolução de uns dos principais problemas teóricos e práticos que ainda domina a jusfilosofia moderna, a saber, o que significa direito inclusivo e qual é a importância social dessa concepção de direito.

Como veremos, inexiste um consenso a respeito do conceito, dos indicadores e das premissas e espécies de justiça que podem servir de base para o julgamento e a correção da conduta. Certamente, qualquer definição do conceito "justiça" há de estar relacionada a diversos temas importantes da Filosofia moral que, hodiernamente, repercutem decisivamente na resolução dos problemas modernos, também conhecidos como casos difíceis ou dilemas jusfilosóficos.

Contudo, nesta obra revelamos o nosso interesse em redefinir a Justiça numa sociedade que se sabe em conflito. A nossa investigação se desenvolve procurando esclarecer como devemos agir perante determinada situação em conflito, aspecto que também inspiraram a obras "Justiça - o que é fazer a coisa certa" (SANDEL, 2013), "Direito e Justiça" (ROSS, 2000) e outros tantos textos referenciados no presente trabalho.

Leituras prévias permitiram constatar que inexiste hoje uma concepção uniforme e esclarecedora acerca das verdades morais que justificam uma determinada concepção de justiça. Consideramos ser este o problema fundamental da presente obra que tem como objetivo apresentar, *primeiro*, um conceito coerente de justiça, *segundo*, a definição dos indicadores e princípios que nos permitem afirmar o que é justo, *terceiro*, uma tipologia de justiça que nos permita, finalmente, estabelecer a correlação necessária entre a Justiça e do Direito.

Em suma, por meio do presente estudo esperamos contribuir para uma teoria capaz de auxiliar no desenvolvimento de um equilíbrio reflexivo acerca do que deve ser considerado correto, bom e socialmente justo.

CAPÍTULO 1
O CONCEITO DE JUSTIÇA

Um dos problemas centrais da Filosofia, da Política e, fundamentalmente, do Direito é contribuir para uma definição de "justiça" que abranja os indicadores e princípios que sirvam de motivos para julgar, proibir ou permitir alguma conduta.

Contudo, desde que o ser humano adquiriu a capacidade de pensar se ocupou da questão da justiça, sendo que duas orientações possíveis se alçaram muito acima das demais. A primeira, cingida do glorioso esplendor da especulação filosófica; a outra, da coroa de espinhos da crença religiosa. Tanto quanto o divino quanto o filosófico lutaram pela justiça. Assim, a questão da justiça passaria a constituir o problema central de toda teoria e prática social. (KELSEN, 2008, p. 1)

O que justifica uma proibição? Qual é o fundamento de uma permissão? Por que devemos prescrever alguma coisa? Com base nestas questões procuramos iniciar uma reflexão acerca das funções: razões e finalidades da Filosofia moral e do Direito, aceitando a existência de um vínculo entre estas importantes áreas do saber humano aspecto que nos permite melhor pensar o conceito do "justo" e, consequentemente, justificar a conduta humana e as nossas decisões.

Todavia o problema da definição do conceito justiça também nos ajuda a idealizar uma determinada concepção acerca do Direito: a ideia que temos do Direito (o que é o Direito) depende do nosso conceito de Justiça. Porém, o grande problema a ser enfrentado neste diálogo evidente entre Justiça e Direito é a variedade de teorias herdada da tradição jusfilosófica universal. Eis que, como veremos a seguir, destacados autores nos falam do conceito de diversas maneiras.

Para Alf Ross (p. 320 – 321), por exemplo, invocar a justiça é como dar uma pancada numa mesa. Isto porque a ideologia da justiça conduz à intolerância e ao conflito, visto que, a ideologia da justiça é uma atitude militante de tipo biológico-emocional, para a qual alguém incita a si mesmo à defesa cega e implacável de certos interesses. Eis que a idéia formal de igualdade ou justiça como estrela para a orientação político-social carece de todo significado, é possível advogar a favor de qualquer postulado em nome da justiça. Isto explica porque todas as guerras e conflitos sociais foram travados em nome da exaltada idéia de justiça. E é demasiado esperar que isto mude no futuro.

Certamente, em qualquer definição de justiça usam-se proposições que, por momento, parecem ser variadas e vagas. Devo lembrar que estamos cuidando de conceitos não concretos (não empíricos), porém abstratos e isto conspira para a inexistência de uma definição (significação) unívoca. Assim, por exemplo, "bondade não é o tipo de propriedade cuja presença ou ausência possa ser estabelecida empiricamente, muito embora (de uma forma um tanto obscura em sua teoria) a observação das características empíricas de uma coisa seja sem dúvida importante para a apreensão da bondade". (WILLIAMS, 2005, p. 62)

Contudo, considera-se ser justo o ato de *dar a cada um o seu (justa distribuição), não causar danos (respeito à lei e à liberdade), viver honestamente (condição moral)* etc. Vem-se nessas premissas três exigências: a *econômica*, a *jurídica* e a *moral* e todas elas vinculadas às diversas áreas atreladas à vida em sociedade, a saber, a política, a educação, e o governo (a administração) que delas se espera plena harmonia. Porém o que atualmente vemos é que a exigência econômica exerce ingerência sobre a moral e sobre o direito. Só por citar um exemplo, a noção do lucro, que encontra respaldo na previsão da legalidade, com base no ideário da autonomia do ser humano, da liberdade contratual e da livre iniciativa e da concorrência; hodiernamente considerados autênticos direitos das classes sociais, modernamente, repercute e engendra a injustiça social.

Como bem destaca Michael Sandel (2013, p. 18, 20), pode-se que as teorias de justiça antigas partem da virtude, enquanto as modernas começam pela liberdade. Certamente, a maior parte das discussões envolve a questão de como promover a prosperidade e respeitar a liberdade individual. É, contudo, profunda a convicção de que justiça envolve virtude e escolha: meditar sobre a justiça parece levar-nos inevitavelmente a meditar sobre a melhor maneira de viver. Conforme explica o citado autor:

> Pode-se argumentar que medalhas militantes são um caso especial, uma volta a uma antiga ética de honra e virtude. Nos nossos dias, a maioria das discussões sobre justiça é a respeito de como distribuir os frutos da prosperidade ou os fardos dos tempos difíceis e como definir os direitos básicos dos cidadãos. Nesse campo, predominam as considerações sobre bem-estar e liberdade.

Vê-se que os Estados modernos escudados no direito, geralmente defendem uma noção de justiça legitimada no predomínio econômico da camada social mais favorecida, gerando, consequentemente, a exclusão e a desigualdade social.

Os próprios valores humanos, a saber, igualdade, fraternidade, solidariedade, colaboração etc. são conflitantes e passaram a serem considerados contrários à essência do conceito de justiça que lhe dá sustentação. O que predomina nas chamadas sociedades civilizadas é o consumo entendido e regrado de forma a atender unicamente as necessidades mercadológicas.

Assim, as sociedades contemporâneas, vão distanciando o Direito da Justiça e ambos da realidade existencial (factual e ontológica) onde se albergam as necessidades humanas, o que evidentemente, provoca revoltas, decisões e condutas cada vez mais injustas e arbitrárias que requerem da intervenção do Estado, ora mais preocupado com controle e o uso da força.

Esta situação se agrava com as variadas noções de justiça que descuidam a extensão do conceito, os indicadores e os princípios que hão de balizar as nossas decisões. Algumas teorias consideram o vocábulo ("Justiça") como sinônimo de "igualdade", "equidade", "oportunidade". Com alguma razão estas teorias consideram que as ações *corretas* e *justas* são moralmente positivas. A grande dificuldade estaria em identificar o que é *justo* ou moralmente correto, quando nos deparamos com dilemas jurídicos e morais, e em definir o fundamento das verdades jurídico-moral que nos autorizam a afirmar que aquela conduta é correta e, caso contrário, exigir a sua correção.

Decerto, as diversas concepções acerca da justiça colocam em destaque distintos elementos, muitas vezes considerados valores último e finais. Assim, por exemplo, o liberalismo se propôs defender a "liberdade", o socialismo a "igualdade". Teorias mais recentes levantaram a bandeira da "distribuição equitativa" dos bens primários (Teoria da Justiça em Rawls), a concepção do "bem comum" própria das teses comunitaristas; a noção de "utilidade" do utilitarismo e diversas outras teses. (BARBAROSCH, 2011, p. 16)

Verdadeiramente, as teorias modernas conhecidas encontram seus fundamentos nas diversas noções históricas propostas pela tradição jusfilosófica. Assim, não há como teorizar a justiça sem indicadores e sem princípios que esclareçam o sentido e a extensão do conceito. Os primeiros filósofos notariam esta dificuldade/necessidade e se esforçariam em encontrar tais as espécies de ações na norma (no direito) e na moral. Surgiriam assim diversas definições: Justo é tudo o que é conforme com o *direito*, conforme à igualdade, à equidade, à proporcionalidade.

Pitágoras, por exemplo, identificaria a justiça com formas geométricas. Ela teria, assim como o quadrado, seus lados "iguais" conforme ao exato sentido do conceito.

Para Platão, a justiça que teria o sentido da *justa medida*, resolveria o conflito permanente entre o "bem" e o "mal", balizando, assim, o ideário de convivência política que exigiria o respeito todos os homens.

Também Aristóteles, assim como Pitágoras, consideraria a justiça como um conceito restritamente vinculado à "equidade", que possibilita a correção da conduta. Neste sentido, o que é justo é também equitativo e o que é equitativo também é justo, mas também existiria uma justiça legal o positiva. Todavia em Aristóteles (1992, p. 95-97) entendemos que o justo é o igual; "se as pessoas não forem iguais, elas não terão uma participação igual nas coisas. O justo, então, é uma das espécies do gênero 'proporcional' (a proporcionalidade não é uma propriedade apenas das quantidades numéricas, e sim da quantidade em geral). Com efeito, a proporção é uma igualdade de razoes [...]. O justo nesta acepção é, portanto, o proporcional, e o injusto é o que viola a proporcionalidade".

Notou-se, neste caso que mesmo tendo um caráter geral a lei, por meio da justiça positiva, e devido a sua falta de completude, não seria possível ser justo em todos os casos. Contudo, a "equidade" serviria como critério de correção da lei quando esta é deficiente em razão da não completude. Esta tese parece se referir à resolução dos dilemas (casos difíceis) que surgem pela ausência de lei e pelas possíveis dúvidas surgidas perante um caso concreto. Certamente, a lei se desatualiza e, em alguns casos é lacunosa. Mas, nesses casos a equidade serviria como critério de correção?

Este critério de correção nos faz lembrar o que foi conhecido como decisão salomônica (justiça salomônica) que tem como referência o fato bíblico, narrado em 1 Reis, 3: 16-28 (DAKE, 2009):

> 16 Então, vieram duas mulheres prostitutas ao rei e se puseram perante ele.
>
> 17 E disse-lhe uma das mulheres: Ah! Senhor meu, eu e esta mulher moramos numa casa; e tive um filho, *morando* com ela naquela casa.
>
> 18 E sucedeu que, ao terceiro dia depois do meu parto, também esta mulher teve um filho; estávamos juntas, estranho nenhum *estava* conosco na casa, senão nós ambas naquela casa.
>
> 19 E de noite morreu o filho desta mulher, porquanto se deitara sobre ele.
>
> 20 E levantou-se à meia-noite, e me tirou a meu filho do meu lado, dormindo a tua serva, e o deitou no seu seio, e a seu filho morto deitou no meu seio.
>
> 21 E, levantando-me eu pela manhã, para dar de mamar a meu filho, eis que estava morto; mas, atentando pela manhã para ele, eis que não era o filho que eu havia tido.
>
> 22 Então, disse a outra mulher: Não, mas o vivo *é* meu filho, e teu filho, o morto. Porém esta disse: Não, por certo, o morto *é* teu filho, e meu filho, o vivo. Assim falaram perante o rei.
>
> 23 Então, disse o rei: Esta diz: Este que vive *é* meu filho, e teu filho, o morto; e esta outra diz: Não, por certo; o morto é teu filho, e meu filho, o vivo.

24 Disse mais o rei: Trazei-me uma espada. E trouxeram uma espada diante do rei.

25 E disse o rei: Dividi em duas partes o menino vivo: e dai metade a uma e metade a outra.

26 Mas a mulher cujo filho *era* o vivo falou ao rei (porque o seu coração se lhe enterneceu por seu filho) e disse: Ah! Senhor meu, dai-lhe o menino vivo e por modo nenhum o mateis. Porém a outra dizia: Nem teu nem meu seja; dividi-o *antes*.

27 Então, respondeu o rei e disse: Dai a esta o menino vivo e de maneira nenhuma o mateis, *porque* esta *é* sua mãe.

28 E todo o Israel ouviu a sentença que dera o rei e temeu ao rei, porque viram que *havia* nele a sabedoria de Deus, para fazer justiça.

Todavia, qualquer noção de justiça parece sugerir a todos, inevitavelmente, a idéia de certa igualdade. Desde Platão e Aristóteles, passando por Santo Tomás, até os juristas, moralistas e filósofos contemporâneos, todos estão de acordo sobre este ponto. A idéia de justiça consiste numa certa aplicação da idéia de igualdade. O essencial é definir essa aplicação de tal forma que, mesmo constituindo o elemento comum das diversas concepções de justiça, ela possibilite as suas divergências. Isto só é possível se a definição da noção de justiça contém um elemento indeterminado, uma variável, cujas diversas determinações ensejarão as mais opostas fórmulas de justiça. (PERELMAN, 2005, p. 8 – 14)

Mas, como os conceitos em análise ("justiça", "equidade" e "igualdade") não são necessariamente idênticos o ideal de justiça passaria a ser estritamente ligado a um dado tratamento proporcional do ser humano. Assim, ao se falar em justiça social deixou-se de lado o ideal de equidade para ser privilegiada a igualdade de oportunidades, por meio da qual hão de ser criadas as condições apropriadas a fim de possibilitar a convivência social.

Reafirmamos que um dos maiores problemas da Filosofia e do Direito é que inexiste uma noção de Justiça que seja universalmente aceita. De fato, as significações nem sempre são unívocas. Daí a idéia de que as "ações" "boas" e "justas", por exemplo, parecem ser muito variadas e vagas, a ponto de se poder considerar a sua existência apenas convencional, e não natural. Os "bens" parecem igualmente vagos, pois para muitas pessoas eles podem ser até prejudiciais (ARISTÓTELES, 1992. p. 18). É louvável aqui admitir também que "as virtudes, os princípios e as consequências para o bem-estar humano foram propostos como o foco mais importante da compreensão ética. Entrelaçadas a esse foco estão as preocupações com a racionalidade, a imparcialidade e a liberdade moral". (SKORUPSKI, 2002, p. 197)

Ainda assim, as diversas concepções conflitantes sobre a Justiça como virtude têm sido um componente vital de todas as tradições filosóficas conhecidas. China, Grécia, Índia e Europa medieval e moderna, todas elas propuseram questões éticas básicas, tais como: *O que é o bem? Em que consiste uma vida virtuosa? Quais são as virtudes do ser humano? Existe um esquema bom ou um esquema unificado de virtudes? Quais são os deveres de uns em relação aos outros?* etc. questões para as quais não se reservam respostas concretas e objetivas. (SKORUPSKI, 2002, p. 197 - 198)

1.1 A justiça como virtude: a excelência moral

A justiça é uma virtude do ser humano: ser justo é ser virtuoso. Esta condição tem a ver com a excelência moral que, conforme Aristóteles (1992, p. 41-42, 91), é a disposição que, relacionada com as emoções e com as ações, faz um homem bom e o leva a desempenhar bem a sua função. A justiça aristotélica seria a "disposição da alma à qual elas se dispõem a fazer o que é justo, a agir justamente e a desejar o que é justo". Então, conforme o citado autor:

> A justiça neste sentido é a excelência moral perfeita, embora não o seja de modo irrestrito, mas em relação ao próximo. Portanto a justiça é frequentemente considerada a mais elevada forma de excelência moral [...] 'na justiça se resume toda a excelência'.

> Com efeito, a justiça é a forma perfeita de excelência moral porque ela é a prática efetiva da excelência moral perfeita. Ela é perfeita porque as pessoas que possuem o sentimento de justiça podem praticá-la não somente em relação a si mesma como também em relação ao próximo. (ARISTÓTELES, 1992, p. 93)

A teoria da justiça como virtude se funda num aspecto do "caráter" que continua a ser valorizado socialmente. A origem etimológica da "virtude" (do latim *virtus*) encontra-se na filosofia grega, fazendo-se coincidir com o vocábulo *areté*, traduzida como *excelência.* Virtude, entendida por Aristóteles, é uma disposição adquirida de fazer o "bem". Trata-se de da boa qualidade moral (força moral) que se aperfeiçoa com o hábito (ARISTÓTELES, 1992). O *bem* tem a ver com tudo o que se pensa, se deseja e se faz por considerá-lo *bom.* No pensamento grego o *bem* se correspondia como o *ser*, por conseguinte, o *mal* era a negação do *ser.* Modernamente se considera que o "bem" e o "mal" têm a ver com a vontade, separando-se de sua conivência com o *ser* e a *verdade.* De fato, não há *bem* ou *mal* em si mesmo, mas ações boas ou más, condutas boas ou más que têm a ver com as opções do ser humano, todo bem incorporado a uma proposta ética como fim resultará da cosmovisão na qual se baseia a sua formulação. Hodiernamente, o bem e o mal, ao perder seu caráter absoluto, adquirem seu sentido quando se lhes associam os valores, pois o bem há de resultar de um valor máximo. Assim, todo que se almeja há de ser valorado como *bom*: *el soberano bien es el fin de la vida humana* [o bem é o fim da vida humana]. (TEALDI, 2008, p. 96)[1]

---

[1] [El *bien* tiene que ver con todo lo que se piensa, se quiere y se hace por considerarlo bueno. En el pensamiento griego *bien* era un nombre del ser, por consiguiente, *mal* era la negación del ser. A partir de la modernidad el bien y el mal tienen que ver, especialmente desde Kant, con la voluntad, separándose de su connivencia con el ser y la verdad. De hecho ya no habrá bien o mal en sí mismo, sino acciones buenas o malas, conductas buenas o malas que tendrán que ver con las opciones del humano, todo bien incorporado a una propuesta ética como fin, *telos*, resultará de la cosmovisión desde la que sea formulado. Desde la modernidad, bien y mal han perdido su carácter absoluto, vuelven a adquirir sentido cuando se los asocia a valores, ya que el bien resultaría el valor máximo. Todo aquello a que se aspira es valorado como bueno].

Como exemplos de virtudes citam-se (COMTE-SPONVILLE, 1997): a *polidez* (delicadeza, cortesia, civilidade, urbanidade) a *fidelidade*, a *prudência*, a *temperança* (moderação), a *coragem*, a *justiça*, a *generosidade*, a *compaixão*, a *misericórdia*, a *gratidão*, a *humildade*, a *simplicidade*, a *tolerância*, a *pureza*, a *doçura*, a *boa-fé*, o *humor* e o *amor*.

Outro importante problema diz das diversas formas de considerar a Justiça. Em verdade há varias forma de considerá-la afim de se encontrar e estabelecer princípios constantes e universalmente válidos para boa conduta da vida em sociedade.

Um enfoque que merece destaque é o que considera o caráter moral do agente como a categoria ética mais importante. A chamada "ética de virtudes", baseada na insistência do valor do ser um bom agente incluindo suas qualidades morais, vem sendo uma alternativa para alguns pensadores que argumentam que princípios desempenham um papel secundário na vida moral. Dessa maneira, o importante seria cultivar as qualidades que tornam alguém um bom ser humano ou um bom profissional (digamos, um bom médico) e, então, não seria preciso um receituário de regras de ação sobre o que devemos fazer em cada situação particular. (DALL, 2005, p. 14)

Certamente, poder-se-ia ver na justiça, explica Radbruch (2010, 48-49), tão-somente uma forma de manifestação do moralmente bom. De fato, ela o é na medida em que a consideramos como atributo humano, como virtude. A justiça, no entanto, com base em outros pontos de vista, apresenta dois aspectos. Pode denominar-se justa a aplicação ou a obediência de uma lei, e ainda essa própria lei. Àquela primeira espécie de justiça, em especial a do juiz fiel à lei, dever-se-ia chamar preferencialmente justicidade. Aqui, em todo caso, ainda não se trata da justiça medida pelo direito positivo, mas daquela com a qual este é medido. A justiça, nesse sentido, significa igualdade. Mas a própria igualdade é suscetível de outra significação. Por um lado, segundo o seu objeto, pode referir-se a bens ou a homens: justo é o salário que corresponde ao valor do trabalho, mas também a pena que atinge igualmente tanto um quanto o outro. Por outro lado, segundo a sua medida, pode ser igualdade absoluta ou relativa: o salário igual para vários, mas a pena de vários na proporção de sua culpa.

Também Hans Kelsen entende a justiça como uma qualidade ou atributo que pode ser afirmado de diferentes objetos. Diz-se que um indivíduo, especialmente um legislador ou um juiz é justo u injusto. Neste sentido a justiça é representada como uma virtude dos indivíduos. Como todas as virtudes, também a virtude da justiça é uma qualidade moral, e, nessa medida, a justiça pertence ao domínio da moral. (KELSEN, 1998, p. 2-4)

1.2 Justiça social

A justiça delimita e harmoniza os desejos, pretensões e interesses conflitantes na vida social da comunidade. Uma vez adotada a idéia de que todos os problemas sociais: jurídicos e morais são problemas de distribuição, o postulado de justiça equivale a uma exigência de igualdade na distribuição ou partilha de vantagens ou cargas. A justiça implica igualdade. Assim, já dissemos que este pensamento foi formulado no século IV a.C. pelos pitagóricos, que simbolizaram a justiça como o número quadrado, no qual o igual está unido ao igual. A idéia de justiça como igualdade, desde então, tem se apresentado sob inumeráveis variantes. Ora, a exigência de igualdade deve ser compreendida, portanto, num sentido relativo, isto é, como uma exigência de que os iguais sejam tratados da mesma mancira. Isto significa que, como um pré-requisito para a aplicação de norma de igualdade e com independência dela, é preciso que haja algum critério para determinar o que será considerado igual; em outras palavras, a exigência de igualdade contida na idéia de justiça não é dirigida de forma absoluta a todos e a cada um, mas a todos os membros de uma classe determinada por certos critérios relevantes. Em conformidade com isso, as diversas formulações de justiça para grupos ou contextos diversos incluem, além da idéia de igualdade, um padrão de avaliação, que deve ser aplicado como um pré-requisito à definição. (ROSS, 2000, p. 315)

Talvez objetivando uma consideração imparcial de justiça social, evitando os benefícios e vantagens de algumas pessoas em detrimento de outras, alguns autores propõem teorias e princípios que orientem a compreensão dos assuntos políticos, sociais e econômicos e o lugar que ocupa cada ser humano: suas potencialidades, dons e habilidades, concepção do bem. Assim, por exemplo, Rawls (*apud*, VILLORIA, 2002. p. 64), elenca os seguintes importantes princípios:

1 Reconhecimento de que toda pessoa tem o mesmo direito à liberdade básica mais ampla possível e compatível com a liberdade dos outros (cada pessoa deve ter um direito igual ao mais abrangente sistema de liberdades básicas iguais que seja compatível com um sistema de liberdades para as outras).

2 Os bens somente são distribuídos de forma desigual quando: a) essa distribuição desigual redunde em maior benefício dos demais desfavorecidos (quando consideradas como vantajosas para todos dentro dos limites do razoável) e; b) está ligada a cargos e posições abertos a todos com plena transparência e oportunidades (as desigualdades sociais e econômicas devem ser ordenadas de tal modo que sejam ao mesmo tempo, vinculadas a posições e cargos acessíveis a todos).

Isto implica que cada pessoa deverá estar no mesmo plano de igualdade e liberdade. Assim, para poder atingir suas concepções do "bem" necessitam dos mesmos bens primários, isto é, os mesmos direitos, liberdades e oportunidades básicas, assim como os mesmos meios para todos os fins, tais como ingressos, riquezas e bases sociais de auto-respeito. Daí os bens sociais primários devem distribuir-se por igual, a não ser que a distribuição desigual de tais bens redunde em benefício dos menos favorecidos. Logo, somente pode-se limitar uma liberdade (vontade) em função de outra liberdade, as liberdades básicas são prioritárias em face do desenvolvimento socioeconômico e o princípio de igualdade de oportunidade é prioritário em face ao princípio de diferencias. (VILLORIA, 2000, p. 43)

A justiça é a primeira virtude das instituições sociais, como a verdade o é, dos sistemas de pensamento (RAWLS, 2000, p. 3). Esta ideia de justiça formulada por Rawls e contida na sua obra demonstra a sua preocupação por uma sociedade justa, fundada na distribuição dos bens sociais primários entre os cidadãos e no papel que desenvolvem as instituições políticas, econômicas e sociais.

Para Rawls a defesa das liberdades deve ser a base de toda justiça. Sem as liberdades garantidas para todos e cada um, perde o sentido a procura de maior igualdade (NEDEL, 2000, p. 70). Todavia, há uma identidade de interesses porque a cooperação social possibilita que todos tenham uma vida melhor da que teria qualquer um dos membros se cada um dependesse de seus próprios esforços. Há um conflito de interesses porque as pessoas não são indiferentes no que se refere a como os benefícios maiores produzidos pela colaboração mútua são distribuídos, pois para perseguir seus fins cada um prefere uma participação maior a uma menor. (RAWLS, 2000. p. 4-3)

A teoria da justiça como equidade pode ser compreendida como tomando seu impulso a partir da noção fundamental de uma sociedade política como justo sistema de cooperação social entre cidadãos que são considerados como pessoas livres e iguais. O problema da justiça se torna, então, o problema da definição dos termos equitativos da cooperação entre cidadãos assim concebidos (RAWLS, 2000. p. 256-257). De fato, as pessoas precisam uma das outras, pois é apenas com a cooperação ativa dos outros que o talento de cada um em particular pode ser realizado e, por conseguinte, em grande parte, com os esforços de todos. Somente nas atividades da união social o indivíduo pode ser completo. (RAWLS, 2002. p. 377)

A justiça social poderia, assim, ser representada: Justiça se funda na igualdade de oportunidades e diferenças. Assim, o objetivo político primordial seria eliminar a injustiça e orientar a mudança para uma estrutura básica equitativa, a fim de que a justiça social prevaleça e de que a convivência humana possa estar baseada no diálogo, na cooperação e no respeito mútuo, redundando no benefício de todos. (RAWLS, 2000, p. 37)

A estrutura básica é o sistema social mais inclusivo, que determina a justiça de fundo. Portanto, antes de tudo, qualquer situação equitativa entre indivíduos, concebidos como pessoas morais, livres e iguais, deve ser uma situação que nivele adequadamente as contingências desse sistema (RAWLS, 2002, p. 324). Daí a estrutura básica de Rawls teria o seguinte fundamento:

> Somente quando a estrutura básica satisfaz às exigências da justiça do contexto social é que uma sociedade trata seus semelhantes como pessoas morais iguais. Do contrário, as disposições fundamentais que a governam não estão conforme aos princípios que os membros adotariam se estivessem representados de maneira equitativa e unicamente enquanto pessoas morais. (RAWLS, 2000, p. 68)

Para Rawls, "as instituições devem organizar a cooperação social de um modo que favoreça os esforços construtivos" (RAWLS, 2000, p. 34). Nesse sentido, somente instituições básicas justas constroem um senso de justiça nos cidadãos, educando-os para a justiça. Ele salienta: dizer que a natureza humana é boa significa dizer que os cidadãos que crescem sob instituições razoáveis e justas afirmarão essas instituições e atuarão para assegurar que o seu mundo social perdure. (RAWLS, 2001, p. 8)

Resumindo, a justiça tem a ver com o caráter, mas também com a organização social: jurídica e moral de uma dada sociedade. Não adianta uma pessoa ser virtuosa se os seus semelhantes não o são.

Para saber se uma sociedade é justa, basta perguntar como ela distribui as coisas que valoriza: renda e riqueza, deveres e direitos, poderes e oportunidades, cargos e honrarias. Uma sociedade justa distribui esses bens da maneira correta; ela dá a cada indivíduo o que lhe é devido. Importa, assim, determinar o que é devido às pessoas e por quê. (SANDEL, 2013, p. 28)

A respeito dessa questão, posso responder, sem temor a erra que o que é divido às pessoas são os seguintes bens supremos: vida, dignidade, alimento, moradia, educação, saúde, segurança e trabalho. Nesse sentido a primeira condição não pode prescindir da segunda. Esta dialeticidade não foi devidamente abordada pela jusfilosofia, razão pela qual, reafirmamos, que contamos hoje com inúmeras teorias e definições acerca da justiça, mas, nenhuma delas há demostrado a relação e a importância dessa decisiva relação dialética.

1.3 Para um conceito moderno de justiça

O vocábulo "justiça" que se sabe abstrato, é um conceito que orienta a natureza humana e a convivência social. Contudo, a "justiça é o que há de mais primitivo na alma humana, de mais fundamental na sociedade, de mais sagrado entre as nações e o que as massas reclamam hoje com mais ardor". (PERELMAN, 2005, p. 6)

Justiça é o mais universal dos conceitos. Na filosofia do direito natural, conforme ensina Alf Ross (2000, p. 313), a justiça é o princípio mais elevado do direito, a idéia específica do direito que está refletida em maior ou menor grau de clareza ou distorção em todas as leis positivas e é a medida de sua correção. Paralelamente a essa idéia, continua o nosso autor, a filosofia mais antiga ocorre um outro uso, de acordo com o qual Justiça significa a virtude suprema, que tudo abrange, sem distinção entre o direito e a moral. A justiça, segundo esse modo de ver, é simplesmente a expressão do amor ao bem e a Deus.

O conceito de justiça tem como propósito: orientar a convivência social, isto é, direcionar a prática das boas ações, sendo seu objetivo primordial a realização (da convivência humana) do homem no contexto em que vive. Eis aí a idéia de que todo discurso sobre Justiça seja sempre o resultado de uma dada compreensão do que é *correto* e, mais especificamente, em relação à conduta e atos praticados na convivência social.

Em seu sentido mais abrangente, afirma-se que a Justiça trata das questões que definem aquilo que se tem razão para crer que uma conduta e boa e, portanto, a agir conforme aquilo que consideramos bom. Dissemos, então, que o conceito de justiça justifica qualquer teoria normativa da conduta. Por esse motivo o jurista e o eticista mantem uma restrita preocupação com as razões para a ação.

Definimos, pois, a Justiça como o ideal do melhor agir ou do melhor ser; importa, para tanto, definir a verdade moral que balize o nosso ser racional. Decerto, o conceito de Justiça não tem unicamente um sentido descritivo, mas também tende a ter um caráter normativo e de prescrição, ansioso por estabelecer uma moral universal.

Assim sendo, o conceito em estudo pode ser considerado descritivo e prescritivo por ter como objeto a conduta humana, isto é, ele pode ser orientador dos estudos (teorização) a das codificações jurídico-morais. Ele, todavia, pode ser definida como um construto (construção) jusfilosófico que orienta as práticas por nortear o cotidiano de todo ser humano.

Por outro lado, o conceito pode estar restrito a uma dimensão subjetiva (individual) e pública (coletiva). No primeiro caso, quando pensamos na Justiça, geralmente, nos referimos a o que consideramos ser justo para si ou para um determinado grupo humano; no segundo, pensamos na justiça social, isto é, na justiça coletiva que há de vigorar em interesse da sociedade e não de uma pessoa em particular. É esta última dimensão da justiça a que no presente estudo mais interessa. Diz-se de uma Justiça que,

> nos obriga a viver em sociedade e a tentar superar o conflito que toda convivência engendra. Daí a procura por regras de condutas que permitam a convivência. Tudo isso, justifica a necessidade de aceitar normas que podem ser contrárias a nossos desejos e, incluso, a nossa concepção de bem-estar. (VILLORIA, 2000, p. 18-19)

Admitamos, pois, que o nosso conceito de Justiça auxilia na resolução dos dilemas sociais: jurídico e morais, ou seja, conflitos que derivam do confronto dos valores, princípios e normas e cuja solução pretende ser universal e imparcial. Logo, quando se fala de Justiça social procura-se deixar de lado o âmbito da *concepção individual*, um âmbito no qual cada indivíduo define fins, prioriza valores e delimita regras de conduta conforme a sua própria concepção de "bem". Assim sendo, o conceito de Justiça social trataria de definir o que não é conveniente para a coletividade, o que poderia constituir um modelo moral básico de caráter universal dado o caráter racional dos fins, valores e prescrições de conduta, modelo compatível com a própria busca razoável do "bem". E é precisamente por isto que esta dimensão abrange os indivíduos como membros de uma sociedade. (VILLORIA, 2000, p. 18)

Concordamos com a ideia de que a justiça é um conceito universal, muito discutido, para o qual se reservam inúmeras significações. Em síntese, conforme a postura do autor poder-se-ia considerar injusta, por exemplo, a decisão ou a norma que fere ou conflita com um valor, ou a que nega um benefício (direito) sem uma boa razão.

Estudos filosóficos apresentam a justiça como um valor social. Assim, para Paulo Cesar (2009, p. 103), por exemplo:

> A justiça, que significa *dar a cada um o que lhe pertence*, é outro valor social. Encontram-se, comumente, três formas principais de justiça que são a *comutativa*, que envolve a relação entre os cidadãos, garantido a cada um o que é seu, a *distributiva*, na relação entre o Estado e o cidadão, em que se assegura a cada um o quanto lhe cabe, e a justiça *legal*, que formaliza a relação entre o cidadão e o Estado, em que se dá ao Estado o que a ele se deve.
>
> A consciência do valor da justiça é acentuada visto a sua necessidade na organização social e para a defesa da dignidade da pessoa humana. A sua efetividade, entretanto, encontra-se em crise. A justiça *comutativa* é desrespeitada por furtos, fraudes, violência, a *distributiva* pelas discriminações, corrupção, abuso de poder e a *legal* pela prática da sonegação de imposto, não cumprimento de leis.

Conforme explica o professor José Roberto Goldim[2] autores confundem os termos Justiça e Direito. A Justiça, continua o citado autor, é um princípio moral enquanto que o Direito é o instrumento de sua realização no convívio social. Para o autor, o princípio da Justiça é normalmente interpretado por meio da visão da justiça distributiva. Assim, destaca ponderações a respeito do princípio da justiça tomadas do Relatório Belmont:

---

[2] Princípio da Justiça. Disponível em: <http://www.ufrgs.br/bioetica/justica.htm>. Acesso em: 21 jul. 2010.

> Quem deve receber os benefícios da pesquisa e os riscos que ela acarreta? Esta é uma questão de justiça, no sentido de "distribuição justa" ou "o que é merecido". Uma injustiça ocorre quando um benefício que uma pessoa merece é negado sem uma boa razão, ou quando algum encargo lhe é imposto indevidamente. Uma outra maneira de conceber o Princípio da Justiça é que os iguais devem ser tratados igualmente. Entretanto esta proposição necessita uma explicação. Quem é igual e quem é não-igual? Quais considerações justificam afastar-se da distribuição igual? (...). Existem muitas formulações amplamente aceitas de como distribuir os benefícios e os encargos. Cada uma delas faz alusão a algumas propriedades relevantes sobre as quais os benefícios e encargos devam ser distribuídos. Tais como as propostas de que:
> - a cada pessoa uma parte igual;
> - a cada pessoa de acordo com a sua necessidade;
> - a cada pessoa de acordo com o seu esforço individual;
> - a cada pessoa de acordo com a sua contribuição à sociedade;
> - a cada pessoa de acordo com o seu mérito.

Quanto à justiça distributiva, alguns autores invalidam certos indicadores, tais como, o "mérito", a "contribuição", o "esforço individual", por não serem adequados quando tratamos, por exemplo, da distribuição de recursos para a assistência à saúde. Eles argumentam que a satisfação das necessidades é o critério a ser adotado (DALL' AGNOL, 2005, p. 26). Outros consideram que o indicador "diferença" seria o adequado para a distribuição dos recursos de modo a fazer com que o grupo em pior situação fique na melhor situação possível para ele próprio; depois disso, o segundo grupo em pior situação deve ser posto na melhor situação possível para ele próprio, e assim prosseguindo ao longo da escala social. Assim, um benefício em favor das pessoas em pior situação terá maior valor ético do que aquele em favor das pessoas em melhor situação. (SKORUPSKI, 2002, p. 207)

Tratar as pessoas iguais, isto é, de forma igualitária e os desiguais diferentemente parece ser uma exigência da justiça formal, geralmente, apresentada como um princípio geral e básico de qualquer relacionamento humano. Todavia, há sempre o problema de saber que critério permite considerar os indivíduos iguais ou diferentes, pois não parece existir qualquer dúvida de que, enquanto pessoas, somos todos iguais, isto é, possuímos os mesmos direitos e obrigações. É preciso, contudo, distinguir entre justiça *formal* e *material*. A justiça formal está presente, por exemplo, na distribuição de um bem qualquer. Se não existirem considerações que justifiquem uma partilha desigual, o princípio formal de justiça exige que ele seja repartido igualmente. Esse é, todavia, apenas um aspecto da justiça. Se a considerarmos sob o ponto de vista material, uma série de complicações podem surgir. Hoje existem várias teorias que estabelecem critérios diferentes para se considerar uma distribuição justa sob o ponto de vista material: dar a cada um de modo igual; a cada um segundo a necessidade; a cada um segundo o mérito; a cada um segundo a contribuição individual; a cada um segundo as "leis" do mercado (a cada um segundo sua capacidade, profissão e trabalho). Isso levou a uma proliferação de teorias da justiça, e cada uma delas tem um enfoque particular. Diante desse quadro, parece difícil, senão impossível, encontrar um denominador comum. Todavia, no principialismo adotou-se um critério material de justiça que, em teoria, poderia ser aceito pelas diferentes posições políticas. Claramente, o gênero, a raça, a nacionalidade, o *status* social etc. não podem ser usados para estabelecer critérios nem para a distribuição de bens, nem para o oferecimento de oportunidades, sejam educacionais ou de acesso à saúde. (DALL' AGNOL, 2005, p. 24-25)

Em verdade, há diferentes forma de pensar a justiça. Essencialmente todas elas centram-se no seguinte: maximizar o bem-estar, respeitar a liberdade e cultivar a virtude. Conforme explica Sandel (2013, p. 28), maximizar o bem-estar, numa sociedade de mercado como a nossa, é um ponto de partida natural. Daí que grande parte dos debates políticos contemporâneos seja sobre como promover a prosperidade, melhorar o nosso padrão de vida, ou impulsionar o crescimento econômico. Isto porque achamos que a prosperidade nos torna mais felizes do que seríamos sem ela, como indivíduo ou como sociedade. Verdadeiramente, a prosperidade é importante porque contribui para o nosso bem-estar. Importaria, logo, saber como maximizar o bem-estar (como definem os utilitaristas) como procurar a máxima felicidade para o maior número de pessoas?

Admitamos, pois, que quando falamos em justiça também falamos de equidade de proporcionalidade. Eis que, se por um lado, a justiça é a disposição do ser humano graças à qual as pessoas fazem, agem e desejam o que é justo, por outro, a injustiça é a indisposição graças à qual as pessoas agem injustamente e desejam o que é injusto.

Todavia, poder-se-ia supor que nem todo ato injusto é ilegal, isto é, podem existir atos injustos não necessariamente proibidos pela lei. Assim, por exemplo, podemos pensar, a falta de cortesia dos alunos para com os professores, a desobediência dos filhos etc. pode ser dita atos injustos, mas não ilegais. Um ato justo seria aquele ato consciente: respeitoso e responsável.

1.3.1 Indicadores que definem a justiça

Com vista à justiça e à injustiça, também Aristóteles (1992, p. 91) se sugeriu "indagar quais são as espécies de ações com as quais elas se relacionam". Tais ações somente podem ser chamadas de justas ou injustas partindo se relacionadas a alguns referentes ou indicadores.

Tratemos, agora, do estudo de alguns indicadores que nos ajudam a definir a dimensão social da Justiça.

Quanto a isso se admite que a definição do que é justo e correto exige a adoção de um ponto de vista jurídico-moral, um conjunto de balizas que nos permitem definir o que é *justo* ou *injusto* e que aqui chamaremos de indicadores. Daí, definir o que é socialmente *bom, correto* e *justo* exige a avaliação opções que nos afaste do que é *errado*, incorreto e por consequência, injusto para uma sociedade. Mas, identificar e promover o bem, o correto, o justo é uma questão complexa que esperamos resolver com base nos seguintes indicadores. Assim, por exemplo, para a questão: "*a limitação da propriedade privada e da livre iniciativa é a melhor solução em termos jurídicos e morais para alcançar a igualdade social*", reservam-se os seguintes indicadores: "*contexto, valores, métodos e consequências*".

Logo, para entender se "*a limitação da propriedade privada e da livre iniciativa é a melhor solução em termos jurídicos e morais para alcançar a igualdade social*" devemos considerar e responder as seguintes questões:

1 "contexto" (em que tipo de sociedade e época impera esta decisão?);

2 “valores” (quais são os valores socioculturais que justifica essa decisão?) e;

3 “métodos” (os métodos utilizados são adequados e razoáveis?);

4 consequências (as consequências ou resultados são positivos?).

As respostas fundada numa concepção particular (subjetiva, individual ou de grupo) podem entrar em conflito com uma determinada orientação ideológica ou concepção particular do *bem*, mas dificilmente a concepção coletiva ou social de Justiça há de ser conflitante com a nossa ideia de bem-comum.

Conclui-se, assim, que as respostas a essas perguntas nos ajuda a indagar se a opção é justa e se é a melhor opção. A questão, afiram Sandel (2013, p. 246), é “fazer a coisa certa para pessoas certas, na dimensão certa, no momento certo, pelo motivo certe e da maneira certa”.

Em consequência, voltando ao exemplo anterior, se a decisão de *limitar a propriedade privada e da livre iniciativa* está fora de contexto, conflita com os valores socioculturais, é conseguida por meio de métodos repressivos, não convencionais e as consequências são desastrosas para o desenvolvimento individual, familiar e social, sem dúvida alguma a podemos considerar de injusta.

Infere-se do anterior que é possível, de alguma forma, falsear o *injusto* ou definir seus limites. Destarte, os cidadãos que não ultrapassam tais limites encontram-se dentro da razoabilidade, num território aberto às concepções do *justo* e conforme a diversos tipos de condutas. É nesse âmbito que podemos contrastar opiniões, receber conselhos, sopesar argumentos e decidir, a partir da concepção de consciência de liberdade, o caminho a seguir. Estando no âmbito do razoável, podemos e devemos explicitar o nosso juízo valorativo. Então, é necessário saber quais limites não devem ser ultrapassados e, posteriormente, definir os valores que devem guiar a conduta dentre da fronteira da justiça social (VILLORIA, 2000, p. 23 – 24). Eis o que podemos chamar de dimensão social da Justiça.

Em suma, a avaliação do que é justo ou injusto acaba sendo o resultado do conhecimento e da interação de vários indicadores e premissas. Contudo, o conceito de justiça também depende e se auxilia da Sociologia, da Economia, da Ética, da Política, da Psicologia e da História e do Direito. Eis o que nos ajuda a compreender a epistemologia do conceito em estudo, pois o critério não simplista. Ele deriva de investigações teóricas (contextual e histórica) e empírico-sociológica, que nos permitem avaliar o contexto, história, costume, valores e resultados já conhecidos.

1.3.2 Premissas da Justiça

Vimos que o conceito de justiça pode ser diferente de sujeito para sujeito e de lugar para lugar, porém o que o torna universal é a nossa noção de convivência humana. Eis que todo homem é um ser social e, portanto, sente a necessidade de viver em "sociedade" (WILLIAMS, 2005, p. 33)[3] (convivência social). A convivência social pressupõe a existência de regras. Devemos, pois, considerar que "não pode haver sociedade sem regras morais" (WILLIAMS, 2005, p. 6). Logo, a ética se faz presente e necessária em toda e qualquer sociedade, pois ela tem como objeto a convivência humana (convivência social) e não apenas uma vaga ou incerta (utópica) "felicidade"[4] ou "bem-estar"[5] como únicas coisas desejáveis, isto é, como fins almejados pelo homem isolado de qualquer grupo humano.

Para tanto, e com base nos indicadores anteriormente elencados, importa definir o conjunto de premissas que balizam a Justiça. Vejamos.

[3] [Sociedade: unidade cultural, em parte identificada por seus valores. Uma dada prática ou crença está muito mais ligada à estrutura de uma sociedade do que pode parecer à primeira vista].

[4] Leitura individualista (egoísta) que coloca a felicidade como objetivo ou finalidade desejável pelas pessoas na teoria e na prática.

[5] Conceito que para os utilitaristas possui um maior valor ético. Sendo que, de acordo com essa teoria, quanto maior o bem-estar, tanto maior o valor ético. Condição estabelecida pela soma do bem-estar de todos os indivíduos. Daí que se o bem-estar de um ou mais indivíduos aumenta, aumenta o valor ético.

a) Premissa da realidade concreta (ou contexto)

É no contexto ou realidade que vigoram os costumes. É inapropriado importar ou de aplicar por analogia uma ideia de justiça trazida de um contexto (realidade) ou sociedade diferente mesmo que ela seja considerada avançada ou desenvolvida.

O indicador "contexto" deve ser alargado à convivência humana e mundial. Refere me ao contexto em que a humanidade vive e não de uma localidade geográfica em particular, pois a justiça pode variar de lugar para lugar e de país para país, em cada nação podemos encontrar um critério de justiça. Importa saber o que é justo para os seres humanos e não simplesmente o que é justo aqui ou ali. Lembremos que apedrejar uma mulher adúltera pode ser considerado justo em determinado lugar e cultura e que mesmo em Aristóteles a justiça seria a fonte da felicidade. Daí que o "bem" é a "felicidade" que provém da "justiça", no entanto reconhecia-se como justa a escravidão.

b) Premissa da preservação dos valores socioculturais (condição última e final da sociedade)

A ideia que temos de justiça não pode conflitar com os valores socioculturais vigorantes. Assim, quando pensamos nos valores e princípios relacionados e correlatos devemos estender e aproximar o seu alcance à dimensão social da justiça. Assim, ao pensar na igualdade, na equidade, na dignidade, na liberdade etc., devemos estender seu alcance para abranger a sua dimensão social e, desta forma, afirmar a igualdade, a dignidade, a equidade social.

Para poder afirmar a justiça precisamos de um referencial axiológico, isto é, de uma série de valores que orientam na resolução de dilemas. Neste sentido, a nossa teoria da justiça há de proporcionar um estudo deontológico que auxilie no agir diante dos dilemas sociais: jurídicos e morais; que giram em torno dos demais valores: vida, a dignidade, o respeito, a liberdade, a igualdade, a equidade, a responsabilidade, o desenvolvimento etc.

Nenhum significado teria o conceito justiça, se não tiver como finalidade a preservação desses valores morais e, consequentemente, dos direitos sociais básicos sobre que assenta a cidadania.

Mas, quando se fala de valor, parece não haver homogeneidade de orientação. Os valores morais parecem abalados, valores desacreditados e em constante mutação (NALINI, 1998, p. 109). Portanto, é oportuno qualquer debate, assim como urgente é o contínuo aprendizado dos valores morais.

Mas, o que queremos referir com a expressão fundamento valorativo? Para entender essa questão precisamos definir o que é entendido por "valor".

O construto "valor" pode ser definido como um importante referente *não empírico*, porém *ideal* invocado pelo ser humano na orientação de seus atos. Neste sentido, os valores são as construções básicas dos juízos morais e das proposições jurídicas. São as construções primárias, por meio das quais idealizamos as normas, os princípios e as regras que sinalizam a "moral" vigorante, isto é, o marco indicativo da conduta. Poder-se-ia, com efeito, afirmar que os valores morais são indicativos que balizam a conduta humana: eles nos permitem afirmar o que deve ser considerado amoral, moral ou imoral.

Consequentemente, o conceito filosófico de *valor* tem numerosas conotações e com base nele tem-se tecido inúmeras teorias. Ora, para além destas disputas gerais tais como: objetivismo *vs*. subjetivismo, universalismo *vs*. relativismo, axiologia formal *vs*. axiologia material, origem inconsciente *vs*. origem consciente, etc. a nação assume-se na forma intuitiva para designar preferências assumidas, muitas vezes com fundamentos teóricos, outras por meras crenças, cosmovisões, tradições – por um indivíduo ou por um grupo. Em geral todas as teorias coincidem na pluralidade de valores, sua polaridade (valor positivo, valor negativo ou contravalor) na sua interdependência e hierarquia, ainda marca a estruturação da pirâmide axiológica. (TEALDI, 2008, p. 37)[6]

---

[6] [El concepto filosófico de *valor* tiene numerosas connotaciones y sobre él se han gestado

Verdadeiramente, como ensina Paulo Cesar da Silva (RAMPAZZO, 2009, p. 75-78) o termo *valor* expressa diversos significados:

> Diz-se valor *econômico*, referindo-se ao preço de algo, valor *ético*, quando se pensa na virtude, *ontológico*, referente à qualidade que funda a dignidade, a estima e o respeito. Pode-se afirmar, por outro lado, tendo-se em vista a questão antropológica, que o valor é tudo o que aperfeiçoa e realiza a pessoa humana. O valor designa um ser possuidor de dignidade, que merece respeito e estima. É fundamental distinguir o *valor* de *valores*. O valor é a dignidade de um ser e não a verdade ou a bondade dele. É insensatez perguntar se um gato é uma ave, se um celular é uma caneta. O valor, por isso, ativa, na pessoa, a consciência valorativa.
>
> (...)
>
> Ele não é uma criação nem invenção arbitrária do psiquismo humano. A pessoa humana não pode criar o valor como propriedade fundamental do ser. Ela pode criar objetos, não o seu valor. O artista produz a estátua, não o seu valor artístico. O pólo objetivo é a gênese da justiça, verdade, sabedoria, bondade, amor que estimulam, enriquecem e guiam a criatura humana. O ser com*unica o seu valor ao ser humano e o faz realizar-se como pessoa, a qual* descobre os valores e não os *cria*.

O professor Paulo Cesar (RAMPAZZO, 2009, p. 69-126), ainda, nos apresenta uma interessante tipologia de valores, a saber:

a) Valores fundamentais, colocados em três universos distintos e, ao mesmo tempo, intimamente relacionados entre si. Eles são os valores ônticos, cósmicos e pessoais;

b) Valores ônticos, que abrangem tudo o que é e que pode ser, refletem sobre o ser;

---

muchas teorías y matices. Más allá de estas disputas generales –como objetivismo *vs.* subjetivismo, universalismo *vs.* relativismo, axiología formal *vs.* axiología material, origen inconsciente *vs.* origen consciente, etc.– la noción se asume en forma intuitiva para designar preferencias asumidas –a veces con fundamentos teóricos, otras por creencias, cosmovisiones, tradiciones– por un individuo o por un grupo. En general todas las teorías coinciden en la pluralidad de valores, su polaridad (positivo o valor y negativo o contravalor) en su interdependencia y jerarquía, aunque disientan en la estructuración de la pirámide axiológica].

c) Valores cósmicos, sendo a natureza, entre os valores cósmicos, o principal: a constelação dos valores cósmicos se compõe dos animais, plantas, minérios, rios, ar, terra, oceanos, atmosfera, galáxias, astros, planetas;

d) Valores pessoais, a pessoa é o maior valor-síntese dos valores pessoais: corpo, psiquismo, espírito e se referem, entre outros, aos elementos da sexualidade, do sentimento, à inteligência, vontade livre, consciência, virtude, ao diálogo, sofrimento, amor, à coragem, transcendência, alegria, felicidade, ao tempo, história, política, cultura, ao homem e à mulher;

e) *Valores somáticos*, incluem a saúde, harmonia, força, beleza, estatura, higiene, alimentação, o repouso, a sobriedade, temperança, paixões, instintos, o prazer, jogo, esporte, trabalho, a limpeza, as vestes, o sofrimento, a dor, morte, esperança, alegria, memória, religião, sociedade, comunicação, profissão, vocação etc.;

f) Valores psíquicos, apresenta-se o psiquismo é o principal valor dentre os valores psíquicos: a afetividade, as emoções (*movere*) são os elementos característicos do psiquismo e têm recíproca relação com os dinamismos somáticos;

g) Valores ônticos espirituais, são manifestações desta concepção as expressões "estado de espírito", "espirituoso", "espiritual";

h) Valores noéticos, que constituem tudo o que contribui para conhecer e promover a verdade, como o conhecimento, a ciência, a filosofia, a revelação, a fé, a idéia, o mito, o pensamento, a intuição, a percepção, o juízo, o raciocínio, a indução, a dedução, o método, a analogia, o conceito, a representação, a razão, a imaginação, a fantasia, a memória, a experiência, a verificação, a análise, a síntese, o problema, a solução, a tese, a interpretação, a certeza, a dúvida, a crítica, a leitura, o estudo, a teoria, a hipótese etc.;

i) Valores culturais, que se compõem da linguagem, da tradição, da palavra, do sinal, do símbolo, da escrita, do sentido, do significado, da inculturação, dos costumes, da civilização, da evolução, do progresso, da tecnologia, das escolas, dos livros, das editoras, dos jornais, de bibliotecas, da imprensa, arte, do cinema, da utopia, da ideologia, educação etc.;

j) Valores estéticos, que abrangem as artes, a admiração, o estilo, o sentimento, a fantasia, o lirismo, a criatividade, a inspiração, cor, simetria, harmonia, imagem etc.;

k) Valores econômicos, que abrangem o trabalho, a técnica, propriedade, o capital, os instrumentos, a agricultura, o comércio, dinheiro, as finanças, o patrão, o operário, sindicato, a greve, fábrica, as matérias-primas, a profissão, poupança, o banco, as férias etc.;

l) Valores morais, abarcam a liberdade, consciência, virtude, paixão, os direitos, deveres, a norma, inclinação, o instinto, costume, hábito, a prudência, justiça, fortaleza, temperança, confiança, sobriedade, coragem, coerência, sinceridade, solidariedade, o perdão, paciência, obediência, felicidade, amizade, o amor;

m) Valores sociais, constituem a constelação dos valores sociais a tribo, nação, pátria, o povo, Estado, governo, partido, os sindicatos, as associações culturais, religiosas, educacionais, a política, a democracia, o matrimônio, a solidariedade, autoridade, o direito, dever, a justiça, o respeito, a crítica, a independência, revolução, família, paz;

n) Valores religiosos, que abarcam a Deus, o sagrado, a divindade, revelação, religião, religiosidade, os ritos, a oração, os mitos, o culto, a santidade, oração, fé, esperança, o amor, as imagens sagradas, festas, os livros sagrados, lugares de culto, o milagre, os símbolos, santos, as pessoas consagradas, a adoração, o perdão, os livros sagrados, as festas, a graça, revelação, Igreja, vocação, missão, salvação etc.

Mas, sendo considerada a justiça um valor, como e porque esses valores devem fazer parte da noção de Justiça?

Pois bem, para compreender essa perspectiva importa significar os valores morais, sendo que a base de qualquer significação há de partir sempre de uma tipologia.

Nesse sentido, seria correto afirmar que a constelação dos valores morais abarca, entro outros, a liberdade, consciência, virtude, paixão, os direitos, deveres, a norma, inclinação, o instinto, costume, hábito, a prudência, justiça, fortaleza, temperança, confiança, sobriedade, coragem, coerência, sinceridade, solidariedade, o perdão, paciência, obediência, felicidade, amizade, o amor etc. (RAMPAZZO, 2009, p. 98)

Feitas as ressalvas, começaremos por diferenciar o valor moral do valor econômico. Não é demais, no entanto, considerar que "não se mede o valor de um homem pelas suas roupas ou pelos bens que possui, o verdadeiro valor do homem é o seu caráter, suas idéias e a nobreza dos seus ideais".[7]

À primeira vista, parece acertado dizer-se que o valor é um referente ideal, (objeto ideal) não empírico, que evocamos na resolução de um dilema. Os valores são recursos que, quando observados, podem vir a incidir na conduta humana. É absolutamente certo que todo homem age conforme a uma crença ou a uma orientação pautada por um determinado valor. Valores não podem ser vistos, não podem ser apalpados, porém *pensados*.

Nesse sentido, explica Paulo Cesar da Silva (RAMPAZZO, 2009, p. 79),

> O valor importa para a pessoa. Os valores absolutos, como a vida, verdade, liberdade, paz, justiça, o amor, são fundamentais para a realização do ser humano. Os valores relativos, como a máquina, o vestuário, alimento, a moradia são realidades instrumentais, tendo-se em vista os absolutos. A pessoa humana manifesta a atração ou a rejeição frente aos objetos da sua experiência. Os valores decidem a existência da pessoa a qual deve assumir sua autoconstrução contínua porque projeto aberto em direção à plenitude de auto-realização, em sua completude física, psíquica e espiritual. A sociedade implica não ser-pessoa junto com os outros. O projeto e a autoconstrução se processam conforme a própria individualidade e possibilidades da pessoa humana. Os valores, portanto, devem ser postos conforme a identidade e dignidade de cada pessoa humana. Os valores, ao mesmo tempo, importam para a sociedade. O grupo social pode ser fonte de valores como os artísticos, tecnológicos, políticos. Eles são vitalmente necessários à pessoa humana e à sociedade porque sustentam e desenvolvem a

---

[7] Disponível em: <http://www.pensador.info/frase/MzI2MTk4/>. Acesso em: 23 jul. 2010.

> cultura. O eclipse dos valores resulta, inexoravelmente, na crise da cultura, da sociedade e da consciência do valor e dignidade do ser humano.

Logo, a convivência social se desenvolve numa intensa luta travada pelos valores e os desvalores (ou contravalores). Nesta luta os valores "se impõem aos indivíduos, muitas vezes contrariando frontalmente seus desejos". (REALE, 2002, p. 199-200)

Em suma, os valores são categorias primárias de orientação axiológica. Os valores são, então, transcendentais ou instancias categóricas por meio das quais existe um mundo de ações humanas que podemos entender e eventualmente criticar e modificar. Os valores são, pois, condições de possibilidade do objetivo, social e humano; por meio deles pode haver um entendimento social no sentido de diálogo, da compreensão e do acordo social, mas também incompreensão, desacordo e conflito. (TEALDI, 2008, p. 9-10)[8]

Contudo, o processo de concretização de direitos comporta a um processo de edificação de valores, esta correlação, que hoje mais nos preocupa, trata da necessária instrução jurídico-moral de nossos jovens: crianças e adolescentes.

c) Premissa do método ou modelo razoável (e convencionado).

A ideia que temos de justiça e o modelo ou métodos dos quais se dispõe para atingi-la devem ser socializados, isto é, convencionados. Importa, aqui, uma educação que possibilite disseminar o conceito e a razão social dos meio e métodos para alcança-la.

Os métodos e modelos que a sociedade se propõe implementar devem ser coerentes com seu status ou nível de desenvolvimento. Dentre os vários modelos citam-se, por exemplo, os seguintes:

---

[8] [Los valores son categorías primarias de orientación axiológica. Los valores son, entonces, esos trascendentales o instancias categoriales gracias a las cuales hay un mundo de las acciones e interacciones humanas que podemos entender y eventualmente criticar y modificar. Los valores son, pues, condiciones de posibilidad de lo objetivo, social y humano; gracias a ellos hay entendimiento social en el sentido de diálogo comprensión y acuerdo de lo social, pero también incompresión, desacuerdo y conflicto].

a) Principiológico, procedimento característico do positivismo lógico que, auxiliado na dedução, considera que uma justiça decorre da aplicação dos princípios já reconhecidos e consagrados nas leis, fundamentalmente, na constituição. Tais são, a soberania, a cidadania, a dignidade da pessoa humana, os valores sociais do trabalho e da livre iniciativa, o pluralismo político etc.

Dentre os diversos princípios constitucionais grifamos os seguintes:

Constituição da República Federativa o Brasil de 1988.

Art. 1º A República Federativa do Brasil, formada pela união indissolúvel dos Estados e Municípios e do Distrito Federal, constitui-se em Estado Democrático de Direito e tem como fundamentos:
I - a **soberania**;
II - a **cidadania**;
III - a **dignidade** da pessoa humana;
IV - os **valores sociais** do trabalho e da **livre iniciativa**;
V - o **pluralismo político**.
[...]

Art. 4º A República Federativa do Brasil rege-se nas suas relações internacionais pelos seguintes princípios:
I - **independência** nacional;
II - prevalência dos **direitos humanos**;
III - **autodeterminação** dos povos;
IV - **não-intervenção**;
V - **igualdade entre os Estados**;
VI - **defesa da paz**;
VII - **solução pacífica dos conflitos**;
VIII - **repúdio ao terrorismo** e ao **racismo**;
IX - **cooperação entre os povos** para o **progresso da humanidade**;
X - concessão de **asilo político**.
Parágrafo único. A República Federativa do Brasil buscará a **integração** econômica, política, social e cultural dos povos da América Latina, visando à formação de uma comunidade latino-americana de nações.

Art. 5º Todos são iguais perante a lei, sem distinção de qualquer natureza, garantindo-se aos brasileiros e aos estrangeiros residentes no País a **inviolabilidade do direito à vida**, à **liberdade**, à **igualdade**, à **segurança** e à **propriedade**, nos termos seguintes: [...]

Art. 170. A ordem econômica, fundada na valorização do trabalho humano e na livre iniciativa, tem por fim assegurar a todos existência digna, conforme os ditames da justiça social, observados os seguintes princípios:
I - **soberania** nacional;
II - **propriedade privada**;
III - **função social da propriedade**;
IV - **livre concorrência**;

> V - **defesa do consumidor**;
> VI - **defesa do meio ambiente**, inclusive mediante tratamento diferenciado conforme o impacto ambiental dos produtos e serviços e de seus processos de elaboração e prestação; VII - redução das desigualdades regionais e sociais;
> VIII - busca do **pleno emprego**;
> IX - **tratamento favorecido para as empresas de pequeno porte** constituídas sob as leis brasileiras e que tenham sua sede e administração no País
>
> Parágrafo único. É assegurado a todos o **livre exercício de qualquer atividade econômica**, independentemente de autorização de órgãos públicos, salvo nos casos previstos em lei.

b) Pragmático (indutivista ou casuístico), parte-se da análise de decisões consideradas justas com base nas quais seriam, por analogia, resolvidos os casos ou conflitos semelhantes.

A *justiça casuística,* de tipo indutivista, considera que a justificação dos juízos morais é de tipo ascendente, a partir da experiência com casos particulares em seus contextos correspondentes e da moral tradicional e seus juízos, que levam ao reconhecimento de princípios gerais e teorias éticas. Vê-se, por exemplo, a jurisprudência ou precedente judicial como referente importante para a resolução de novos casos, onde o agente (juiz prudente) é capaz de realizar juízos de valor. Este tipo de modelo "coloca em segundo plano os princípios dos quais se liberta, privilegiando, assim, os casos concretos". (TEALDI, 2008, p. 128)

Evidentemente, por exemplo, seria justo autorizar e legitimar o aborto de anencefálicos, pois já existe uma decisão favorável emitida pelo Supremo Tribunal Federal.

Por meio deste modelo se possibilitaria o desenvolvimento de um raciocínio semelhante ao praticado pelo realismo jurídico norte-americano e escandinavo.

Podemos, assim, qualifica-lo de modelo pragmático e facilitador do estudo e resolução de casos, a partir da analogia (ou de um comparativismo) que permitiria o julgamento prático de questões morais.

Em verdade, a origem deste modelo (ou método) de pensamento casuístico (a casuística) já existia na Grécia antiga, orientação metodológica baseada na noção de ciência aristotélica (384-322 A.d.C.).

Assim, contrariamente ao principialismo, a casuística coloca em primeiro plano os fatos, casos e relações fáticas, ao invés dos princípios. Assim, por exemplo, se por um lado "*mentir é sempre moralmente incorreto*" (princípio), por outro a Casuística considera que, em alguns casos: "*a inverdade poderia não ser considerada imoral*". Assim sendo, o princípio perde sua utilidade quando a "mentira" se torna uma opção legítima e moral pelo fato de se tornar útil e necessária para evitar um dano maior. Assim, por exemplo, a mentira é útil, se justifica moralmente quando por meio dela se salva uma vida, isto é, quando ela é necessária para evitar um mal maior. É nesse sentido que, conforme a casuística, as circunstâncias do caso tornam-se fundamentais para avaliar a responsabilidade do agente.

Assim como o operador do Direito considera importante o precedente judicial (jurisprudência), o raciocínio casuístico parte de um caso concreto (paradigmático ou modelo) para analisar seu grau de correlação com o modelo proposto. Neste sentido, os casos iguais serão tratados conforme a seu paradigma. Em consequência, uma conduta deverá ser considerada *imoral* conforme as circunstâncias que norteiam o caso e conforme ao modelo. A casuística parece ser útil quando se analisam dilemas morais. Diz-se ser um recurso apropriado tanto da ética aplicada como do Direito.

c) Autonomista, considera-se ser justo o agir conforme o desejo individual. O método encontra seu fundamento na ideia de que "a justiça consiste em respeitar e preservar as escolhas feitas por adultos conscientes" (SANDEL, 2013, p. 29). Diz-se, assim, do reconhecimento do valor da "capacidade" e da "liberdade" do ser humano, premissa que orienta a resolução de dilemas jurídicos e morais. Este modelo não supera o conflito entre valores e desvalores, frequentemente enfrentado por jurista e eticistas. Nesse sentido, importa saber até que ponto a liberdade ou a autonomia se impõe à vida e à dignidade humana.

Acredita-se, assim, que o princípio da “autonomia” esteja, em alguns casos, subordinado a outros princípio e valores: a “vida”, “beneficência” etc. e, portanto, não deveria ser considerado um fundamento absoluto da Justiça.

d) Contemporâneo dos direitos naturais, humanos e fundamentais, modelo que encontra seu fundamento na ideia de que ajustiça significa respeitar certos direitos humanos e universais. Destaca-se a existência de direitos que envolvem valores (bens) fundamentais, universais do ser humano, pois sem esses direitos não haveria vida, nem convivência social, originando-se, assim, uma sociedade em guerra. Tais direitos servem de alicerces no processo de resolução dos dilemas morais.

Diz-se de uma proposta que, como o modelo anterior, em alguns casos, subordina alguns princípios e valores: a “liberdade”, “autonomia” etc. a um conjunto de valores e direitos naturais abstratos e não convencionados e, portanto, não deveria ser considerado um fundamento absoluto da Justiça. Contudo, vivemos o dilema de se considerar justo autorizar ou proibir a homoafetividade, o transexualismo, a clonagem humana etc.

Os Direitos Humanos (direitos do homem) podem ser definidos como o conjunto de direitos imprescindíveis à subsistência do ser humano. Contudo, qualquer definição se torna complexa, na medida em que a própria denominação “direitos humanos” não tem uma significação (definição) unívoca.

Resumidamente podemos dizer que os direitos humanos envolvem as necessidades essenciais da pessoa humana. Diz-se daquelas necessidades que são iguais para todos os seres humanos e que devem ser atendidas para que a pessoa possa viver com a dignidade que deve ser assegurada a todas as pessoas. Assim, por exemplo, a vida é um direito humano fundamental, porque se ela a pessoa não existe. Então a preservação da vida é uma necessidade de todas as pessoas humanas. Outras necessidades são também fundamentais, como a alimentação, a saúde, a moradia, a educação, e tantas outras coisas. (DALLARI, 1998, p. 7)

Em verdade, ensina Bobbio (2004, p. 2),

> Os direitos do homem, por mais fundamentais que sejam, são direitos históricos, ou seja, nascidos em certas circunstancias, caracterizadas por lutas em defesa de novas liberdades contra velhos poderes, e nascidos de modo gradual, não todos de uma vez e nem de uma vez por todas.

Conforme explica Alexandre de Moraes (1998, p. 39), os Direitos Humanos e Fundamentais definem-se como:

> um conjunto institucionalizado de direitos e garantias do ser humano que tem por finalidade básica o respeito a sua dignidade, por meio de sua proteção contra o arbítrio do poder estatal e o estabelecimento de condições mínimas de vida e desenvolvimento da personalidade humana.

Concretamente, a definição dos "direitos humanos" é concebida na forma mais abrangente possível, permitindo-se, com isso, sua compreensão como um ideal que nos orienta na busca da Vida, da Paz, da Justiça, da Dignidade e, da Convivência humana.

Em verdade, os Direitos Humanos e Fundamentais são direitos inerentes à natureza do homem. Diz-se dos direitos próprios do ser humanos que a ele pertencem pelo simples fato de ser concebido como pessoa, como homem.

Os direitos humanos não são direitos naturais pelo fato de serem provenientes da razão humana ou da natureza das coisas. Os direitos humanos são direitos naturais justamente por serem decorrentes da existência do ser humano que é a sua fonte e razão direta. Assim, mas do que um fundamento jusfilosófico, importa seu fundamento normativo, pois a falta de observância e respeito estimula a necessidade de serem positivados, transformando-se, assim, em direitos fundamentais.

Os direitos humanos se identificam com a plenitude do direito à vida, sob o aspecto físico e moral; daí, consagrarem a dignidade da pessoa humana como seu fim. A idéia de direitos humanos, como realização da dignidade humana, deve ser compreendida de forma dinâmica, por representarem eles, os direitos humanos, patamares mínimos para uma existência digna. Todavia, os valores neles consagrados, tais como liberdade, igualdade, democracia, bem-estar, felicidade, são cláusulas abertas e, portanto, inexauríveis. Assim, respeitar os direitos humanos significa conferir condições mínimas, necessárias para o indivíduo desenvolver seus potenciais com o máximo de liberdade possível. (JAYME, 2005, p.2)

Em suma, conforme ensinamento de Alexandre de Moraes (1998, p. 41), a previsão desses direitos coloca-se em elevada posição hermenêutica em relação aos demais direito previstos no ordenamento jurídico.

e) Comunitário, modelo de orientação oriunda de um movimento político e social próprio da sociedade norte-americana e que parte do pressuposto de que a sociedade (a norte-americana) é pluralista, por esse motivo poucos valores são efetivamente compartilhados. Logo, a falta de reconhecimento de alguns valores influi negativamente na discussão dos problemas éticos e jurídicos.

Os idealizadores deste modelo acreditam que a ausência de uma hierarquização de valores e a falta de uma significação dos "bens comuns" à sociedade, incidem negativamente na discussão dos problemas morais. Portanto, acredita-se que a única forma possível seria por meio do diálogo social, isto é, o fornecimento de bens e serviços, a exemplo dos serviços de saúde prestados por pequenas unidades inseridas nas comunidades. Com base neste procedimento as instituições comunitárias e seus membros poderão compartilhar valores, que servirão de base para as soluções dos seus próprios problemas.[9]

Lembrando que alguns estados, dentro do próprio pais – Estados Unidos da América, é considerado justo autorizar a eutanásia, as pesquisas com células tronco etc. já, noutros é injusto e, consequentemente, proibido.

d) Premissa da convivência social (princípio-fim)

---

[9] Disponível em: <http://www.bioetica.ufrgs.br/modcomu.htm>. Acesso em: 23 maio 2012.

O homem vive em sociedade, em convivência e em constante troca, fato quc torna necessário a institucionalização de um conjunto de normas aptas a preencher os fins sociais. Daí ser necessária uma ordem para a convivência humana. Bem-estar, felicidade etc. são conceitos subordinados.

A convivência humana impõe aos homens limites (legais e ético-morais) procurando-se, isso, atingir um dado estado (ambiente) de harmonia e de paz. É assim que a ética se mostra como condição para tal harmonia (convivência social): não roubar, não matar, não furtar, são alguns dos imperativos morais e legais que objetivam garantir a convivência ou harmonia social. Mentir, enganar e confundir a fim de obter benefícios do próximo, por exemplo, é agir sem observar a convivência social.

Em verdade, afirma Hart (1987, p. 34), "nenhum homem é uma ilha". Numa sociedade organizada é impossível identificar categorias de ações que não prejudiquem a quem quer que seja salvo a quem, individualmente, as pratica. É, naturalmente, possível admitir-se a coerção legal, pela sociedade, da moral aceito, independentemente de argumentos de justificação.

Mas, a Justiça não trata unicamente da questão de conveniência. Ela, mais especificamente nos alerta sobre determinadas condições para a sobrevivência da sociedade (ARRUDA, 2003, p. 22). Eis o que justifica a necessidade de agir, observado determinados valores, princípios e normas éticas e, fundamentalmente, "requer diretrizes que corrijam as desvantagens sociais e econômicas e que deem a todos oportunidades justas de sucesso". (SANDEL, 2013, p. 29)

Vemos, então, a "convivência social" como uma condição, isto é, como uma lei que informa que o ser humano, como ser social nasce, cresce e vive em sociedade e, portanto, deve agir observando valores, princípios e normas sociais. Toda ação humana deve ser conforme a essa lei.

Com efeito, o ser humano age conforme a um "jogo de interesses e necessidades". É, com base nesse jogo que o homem pensa, projeta, prescreve e assume atitudes perante determinados problemas, dando maior valor ao que considera ser momentaneamente um benefício. Eis uma outra leitura por meio da qual nos referimos ao *ser* e ao *estar*, por meio da qual indica-se o que *é*. Trata-se de uma orientação diferente das já vistas nas concepções subjetivista (WILLIAMS, 2005, p. 19-20-24)[10], relativista (WILLIAMS, 2005, p. 31-36)[11], e utilitarista (WILLIAMS, 2005, p. 137-138)[12] e para a qual indicamos a necessidade de um *dever ser*, isto é, de agir observado o "justo equilíbrio moral", princípio que, na minha opinião merece um espaço no mapa ético-intelectual.

Certamente o ordenamento jurídico nacional descansa em numerosos preceitos centrados na moralidade, que têm como função indireta colocar limites à liberdade (vontade) do ser humano. Por outro lado, a doutrina em face da legislação acompanha e explicas importantes conceitos e denominações que cooperam para tais limites.

---

[10] [Corrente que considera as perspectivas morais como meramente subjetivas: a) o juízo moral de um homem apenas expõe ou expressa suas próprias posturas; b) os juízos morais não podem ser provados, constatados, demonstrados como verdadeiros da mesma forma como o podem as afirmações científicas; eles são uma questão de opinião pessoal; c) não existem fatos morais; o que existe são só os fatos que podem ser descobertos pela ciência ou pela observação, e os valores que os homens atribuem a esses fatos. A interpretação subjetivista só aparece quando se diz que um juízo moral expressa o ponto de vista de quem o emite. O subjetivismo reforça a idéia de que uma posição enunciada num juízo moral não pode estar certa nem errada, ao passo que as crenças expressas em juízos factuais podem ser verdadeiras ou falsas].

[11] ["Certo" significa que só pode ser coerentemente compreendido como certo para uma dada sociedade. Certo, para uma dada sociedade deve ser entendido num sentido funcionalista e, por tanto, é errado que as pessoas de uma sociedade interfiram, condenem etc. os valores de outra sociedade. A principal confusão do relativismo é a de tentar concluir, partindo do fato de que as sociedades têm diferentes posturas e valores, um princípio não relativo *a priori* – princípio que determinaria a postura de uma sociedade diante dos demais; e isso é impossível. A moral tem características inerentes que tornam difícil considerar que um sistema de moralidade possa se restringir somente a um grupo. O elemento de universalidade que está presente em qualquer moralidade progressivamente começa a se ampliar sobre o ser humano como tal].

[12] [Concepção que sustenta que só existe um princípio moral: o de buscar a maior felicidade para o maior número de pessoas; além disso, sustenta que "felicidade" significa prazer e privação da dor; e também que esse único princípio moral – pois ele é de fato o único - deve ser aplicado individualmente a cada situação – utilitarismo dos atos].

CAPÍTULO 2
JUSTIÇA NATURAL

Define-se a justiça natural como aquela justiça imposta pelas leis da natureza que regem o cosmos, e, portanto, advinda da cosmologia, muito tem a ver com a criação, com a constituição e, até com a destruição do universo. (BOBBIO, 1995, p. 16)

Diz-se de um poder cósmico, que confere a cada coisa o seu devido lugar, que domina os seres humanos. Existiria a necessidade de entender que nada acontece por acaso, mas por meio de uma causalidade atribuída à desobediência das leis que governam o universo. Este modelo de justiça não tem caráter moral, porém físico ou natural. A justiça, neste sentido, é requisito para a preservação do universo.

Acreditamos que esta espécie de justiça tenha sido o motor das ciências, a razão pela qual cientistas se empenharam e, ainda, continuam a se empenhar em pesquisar a origem das forças e dos limites que a própria natureza impõe ao homem.

Falamos, assim, de uma justiça que impõe o respeito pelo mundo que nos cerca, isto é, pela harmonia entre os elementos que o meio em que vivemos que se nos revelam pela contemplação. "A noite segue o dia. As estações do ano sucedem-se uma à outra. As plantas e os animais nascem, crescem e morrem" (SIQUEIRA, 1999, p. 24). Diante desse espetáculo cotidiano o homem sente a necessidade de reconhecer o que é correto e justo: o respeito.

Haveria, assim, uma justiça que, ao emergir da ordem das coisas, seria o fundamento do Direito natural. A compreensão da existência dessa justiça natural advém da

Grécia antiga, fundamentalmente das lições de Heráclito e Pitágoras, que, na tentativa de compreender as normas que regiam as condutas humanas, atribuiriam plena importância tanto às leis criadas e postas pelo homem (positivas) como às leis do Cosmos.

2.1 Justiça natural

Até os tempos de Heráclito, ensina Alf Ross (2000, p. 273), os filósofos haviam tentado compreender o mundo como uma coleção de coisas e descobrir seus elementos imutáveis. Heráclito afirmaria que tudo se acha num estado de fluxo eterno. O mundo flui: "não é possível mergulhar duas vezes no mesmo rio". Ao mesmo tempo, entretanto, tudo, a natureza e o homem, estão submetidos a uma ordem do mundo que não foi criada pelos deuses nem pelos homens, mas que sempre existiu e sempre existirá, um fogo eterno avivado e arrefecido segundo um plano. Foi Heráclito (c. 540-480 a. C) quem disse que o sol saberá como não ultrapassar "a medida de seu caminho". Essa lei cósmica é, ao mesmo tempo, a lei da justiça, e todas as leis humanas a ela se subordinam. As leis humanas não são meramente arbitrárias. São uma emanação de uma lei universal e são "nutridas" pelo mesmo poder do destino que domina tudo o que existe. Existiria, assim, uma conexão entre as leis humanas e as forças que regem o mundo.

Para Heráclito "tudo é um". Para ele, o mundo explica-se não apesar das mudanças de seus aspectos, muitas vezes contraditórios, mas exatamente por causa dessas mudanças e contradições. Em outras palavras, todas as coisas opõem-se umas às outras, e dessa tensão resulta a unidade do mundo. Para Heráclito, a harmonia nasce da própria oposição: "O divergente consigo mesmo concorda; harmonia de tensões contrárias, como de arco e lira". A divergência e a contradição não só produzem a unidade do mundo, mas também a sua transformação. O mundo é um eterno fluir, como um rio; e é impossível banhar-se duas vezes na mesma água. Fluxo contínuo de mudanças, o mundo é como um fogo eterno, sempre vivo, e "nenhum deus, nenhum homem o fez". (SIQUEIRA, 1999, p. 31-32)

Essa justiça encera dos conceitos importantes o "equilíbrio" e a "harmonia" como dos princípios chaves a serem observado para não cometer excessos. É com base nessas balizas que o ser humano deve agir em respeito do meio natural que seria a sua verdadeira condição de vida.

Alf Ross (2000, p. 276, 280) atribui a Aristóteles ter-se apropriado da distinção dos sofistas entre direito positivo e direito natural. Conforme o citado autor as reformas que foram pleiteadas pelos sofistas incluíam a ideia de que algo é justo segundo a natureza (*physis*) em contraposição àquilo que é justo segundo a lei (*nomos*). Já, Aristóteles deu à filosofia do direito natural um novo viés conservador e metafísico.

Mas, certamente a distinção mais clara e evidente entre justiça natural e positiva teria sido revelada com Aristóteles (1992, p. 103-104). Conforme o citado filósofo a justiça pode ser de origem "natural" ou "legal". Natural é aquela justiça que mantém em toda parte o mesmo efeito e não depende do fato de que pareça boa a alguém ou não; fundada na lei é aquela, ao contrário, de que não importa se suas origens são estas ou aquela, mas sim como é, uma vez sancionadas.

Em verdade, a primeira forma de justiça independe do homem e das suas crenças, não se discute. Já, a segunda, como veremos, é posta e convencionada pelo homem. Assim sendo, toda definição de justiça começa e deriva de uma forma de pensamento mais aberto à compreensão herdada das tradições culturais de um passado remoto que foi o marco de uma etapa que levaria o homem a procurar o sentido do mundo e da vida na própria realidade, na própria natureza. Diz-se de um momento histórico onde o misticismo perdeu o seu papel como origem de todas as coisas e o raciocínio passa a ocupar o espaço antes destinado ao mito. (SIQUEIRA, 1999, p. 9-10)

Costuma-se dizer que a natureza é sábia, pois somente ela é capaz de ditar os preceitos para uma vida melhor, fundamentalmente, em face da convivência. Importa, assim, um equilíbrio entre o homem, a sociedade e a natureza. Quando este equilíbrio não é possível, alguns desses elementos se coloca em xeque.

Em suma, o tema em estudo nos convida a refletir acerca da existência e da repercussão da justiça não imposta pelo homem, mas pela natureza. Uma justiça que a própria ordem de coisas externamente nos impõe para poder se realizar a convivência e a vida.

A justiça natural, assim, seria aquela imposta por uma ordem cósmica da qual o próprio homem faz parte. Esta ordem exige a preservação das coisas com a qual e pela qual convivemos e realizamos a vida.

2.2 Direito natural

É comum distinguir, dentro do processo histórico-evolutivo da Ciência Jurídica, o Direito natural no pensamento jusfilosófico clássico como um dos vários momentos pelos que atravessa o Direito natural.

Hart[13] reconhecendo a existência dos Direitos naturais afirmaria que, se de alguma forma existem direitos morais, então existem ao menos um direito natural: o direito de todos os homes por igual a ser livres. E, a ausência desse direito implica de determinadas condições especiais consequentes com o fato de que o direito é igual para todos, todo ser humano adulto capaz de eleger: 1) tem direito a que os demais se abstenham de exercer coerção ou aplicar restrições y, 2) tem liberdade para realizar (ou seja, nada o obriga a abster-se de realizar) qualquer ato que não seja coercitivo, ou restritivo, ou que tenha por finalidade causar dano a outrem. Procura-se aqui estabelecer que ter um direito significa ter uma justificação moral para limitar a liberdade de outra pessoa e para determinar em que forma ela deve agir; agora importa ver que a justificação moral deve ser de um tipo especial se há de constituir um direito.

---

13 HART, H. L. A. ¿Existen los Derechos Naturales? Este ensayo se publicó en *The Philosophical Review,* Vol. 64 (1955) y posteriormente fue incluido en *Human Rights* (1970), libro editado por A. I. Melden. Su traducción y publicación en este número cuentan con la debida autorización.

Pois bem, o Direito natural clássico foi uma corrente, que assentada no do pensamento filosófico e político da Grécia antiga, teria por objeto o mundo visto como uma organização cósmica, isto é, organizado e regido por leis naturas.

Poder-se-ia notar que, no período em questão, o Direito natural era tido como um conjunto de leis naturais que regem o cosmos. Diz-se de um Direito fundado numa "cosmologia, na criação e a constituição do universo e não na justiça positiva, isto é, nas leis reguladoras da vida social". (BOBBIO, 1995, p. 16)

O Direito natural, provem de um tipo de justiça que se manifesta em toda parte, com o mesmo efeito. Assim, a exemplo de o *fogo* que *queima* ou os *corpos* que *caem* em todo tempo e lugar, independentemente da nossa vontade humana, o Direito natural (e a sua justiça) seria constante, imutável e universal, um Direito que em qualquer tempo e espaço se manifesta sempre com a mesma eficácia: é um Direito sem limites. Dizemos então que o Direito natural impõe regras invariáveis e limites naturais e racionais ao ser humano.

Para os gregos o Direito natural estaria fundado num corpo de normas invariáveis e de validade universal. Diz-se de um Direito independentemente dos interesses e das opiniões prevalecentes em cada sociedade. A Filosofia grega identificava o fundamento do Direito Natural com a *justiça* e a *razão*. Estes partiam do entendimento de que as "leis" do Direito natural impõem aos homens uma série de *limites*, que condicionam a sua vida. Exemplos: o indivíduo necessita comer, pois se ele optar por não comer, isso o levará à morte (lei); não é possível estar em duas cidades no mesmo dia e hora (limite). Isto significa que existem leis e limites impostos pela natureza, que vigoram independentemente da vontade e dos interesses do homem. Assim sendo, o Direito Natural é, ao mesmo tempo, anterior à criação da sociedade e das instituições políticas, superior ao direito escrito, estabelecido por cada sociedade. Segundo os filósofos gregos, o direito positivo depende dos interesses e da utilidade, sendo, por tal motivo, imperfeito e mutável. (SABADELL, 2000. p. 18- 19)

Desta forma existiria um grupo de princípios ou idéias superiores, imutáveis, estáveis e permanentes, sendo que a sua autoridade adviria da natureza e não da vontade dos homens. Portanto, como características essenciais deste período destacaram-se as seguintes:

1 Identifica-se o fundamento do Direito natural com a *justiça* e a *razão*.

2 Ressaltam-se determinados *limites* que *condicionam* a vida dos homens.

3 Concebe-se o Direito natural como "anterior" à sociedade e às instituições políticas e, portanto, "superior" ao direito escrito.

4 Destaca-se o Direito Positivo como imperfeito, mutável e dependente dos interesses de um determinado grupo.

É possível, todavia destacar como contribuição de concepção em análise: o significado (papel principal) atribuído aos valores humanos para uma idéia de Direito: estável, universal, permanente e imutável.

Hoje prega-se, por exemplo, uma justiça já inserida no elenco dos direitos humanos, assim, como é o caso da preservação ambiental.

CAPÍTULO 3
JUSTIÇA DIVINA

Em toda época e lugar, no mundo emergiram inúmeras ideias acerca da existência de uma ordem no universo, nos níveis físico e moral que definiram a justiça e discutindo-se a necessidade da obediência dessas ordens, fundamentalmente, àquela procedente e ditada pela divindade.

Na Índia, por exemplo, antes de Buba o universo estaria constituído em dois níveis o físico (*rita*) e o moral (*darma*), existindo assim a necessidade para a sua conservação. Na China vigorou a ideia de que o mundo é regido por forças misteriosas advindas de uma divindade celeste: uma realidade impenetrável. (SIQUEIRA, 1999, p. 11)

Sabe-se das crenças populares gregas de em torno do ano 700 a.C. que envolvendo uma magia religiosa e filosófico-metafísica, uma primitiva concepção mágico-mítica encontrada na obra de Homero e de Hesíodo até os grandes sistemas filosóficos de Platão e Aristóteles, deuses e humanos convivem em dois mundos que se relacionam e "através dessa hoste celestial Zeus distribui a prosperidade e a desdita aos justos e injustos". (ROSS, 2000, p. 270)

A respeito da especulação metafísica, Platão concluiria que aquilo que torna as coisas moralmente boas ou ruins tem, necessariamente, de ser algo situado não neste mundo de percepção sensível, mas num outro mundo, mais elevado, só acessível ao pensamento liberto de todo o sensível. (KELSEN, 2008, p. 8)

Mas, foi como o estoicismo que se conferiu ao direito natural uma direção religiosa e universal. Não a razão individual, mas a razão cósmico-divina é a fonte suprema do direito. Mas a razão universal nos exige que levemos uma vida social pacífica. Enfatiza-se, assim, a ideia da igualdade de todos os seres humanos. Cada ser humano encerra uma centelha do eterno: somos, portanto, todos iguais diante de Deus. A ordem fundamental da razão é respeitar todo outro ser razoável como um fim em si mesmo, e o ideal da coexistência social é um estado universal no qual todos sejam iguais e vivam em harmonia com os comandos da natureza e da razão. Não foi difícil para os padres da Igreja e para os filósofos escolásticos interpolar as específicas ideias cristãs na tradição clássica do direito natural. No lugar do vago conceito de uma razão divina universal, colocou-se o Deus do cristianismo. O direito natural adquiriu um conteúdo mais variado. Enquanto os antigos filósofos de direito natural não tinham ido além de imprecisas ideia acerca de uma *lex naturae* eterna e absoluta, sem atribuir-lhe um conteúdo sistemático preciso, o cristianismo encontrou na Revelação um ponto de vinculação firme e dogmático. O cerne de todo o direito natural cristão é a vontade revelada de Deus: a lei mosaica e o Evangelho. (ROSS, 2000, p. 284)

Existiria, assim, uma espécie de justiça divina sobre a qual o ser humano não pode intervir: redefinir ou mudar. Falamos de uma justiça invocada pelos seres humanos não cético e que confiam numa crença no eterno, numa validade sobrenatural e absoluta. Uma justiça muitas vezes chamada de sobrenatural e imanente e cuja explicação não é coisa do ser humano.

3.1 Justiça divina

A justiça divina impõe o que é certo ou errado perante os olhos da divindade: não matar, não roubar etc. que também são preceitos da justiça positiva. Numa etapa politeísta, "os deuses, que comandam os fenômenos da natureza, aos poucos assumem o papel de causadores dos acontecimentos humanos: a guerra, a paz, o sucesso, a desgraça". O complexo sistema de deuses e crenças é depurado no século VIII a.C. por Zoroastro (ou Zaratustra), que numa nação ao sul, a Pérsia (atual Irã), ensina existir um único deus, princípio do Bem: Ahura Mazda. Presente na mente de cada homem, ele luta constantemente contra Arimã, o princípio do Mal. Cabe a cada um agir corretamente para a vitória final do Bem. O pensamento, nessa fase, dispensa a ira dos deuses ou os fenômenos naturais. A busca de explicações já pede mais ordem e clareza e um maior grau de abstração. (SIQUEIRA, 1999, p. 11)

Conforme explica Alf Ross (2000, p. 281) entre as escolas e tendências filosóficas gregas posteriores, o estoicismo teve especial importância para o desenvolvimento e a evolução do direito natural. Agora a razão não é meramente a razão individual. Esta não passa de uma centelha da razão eterna e universal, ou razão divina, que tudo governa no mundo. De um lado, a natureza é igual à razão universal, ou à vontade divina. De acordo com isto a exigência moral é uma exigência de completa sujeição e autodestruição ante o divino, ante a onipotência que governa o mundo, mediante a determinação de identificar-se como o universal, com Deus. A lei que nos governa é consequentemente, também lei em nosso ser mais íntimo. Somente o ser humano que é escravo de Deus conquistou a liberdade perfeita.

As noçoes elementares desta especie de Direito Natural alcançaram tambem o período da Idade Média, sendo fontes essenciais de novas concepções e correntes, especialmente da acepção *teológica.*

O Direito natural católico alcançou sua formulação definitiva em Tomás de Aquino (1226-1274) quem construiu o sistema teológico-filosófico medieval em sua poderosa *Summa Theologica*, cujos ensinamentos, são aceitos ainda hoje pela filosofia jurídica católica. Conforme os ensinamentos divinos o bem é a realidade mesma em sua própria perfeição, de acordo com a ideia de Deus. Tudo tende, segundo sua própria natureza, para a perfeição em Deus e, por isso, toda tendência natural é legítima. Se a razão se limitasse a seguir a luz natural que Deus colocou em nossos corações, nossa vontade consciente estaria também dirigida sempre para o verdadeiro bem. Deus, por revelação, concedeu ao ser humano, a título de orientação adicional, uma participação na lei eterna: tal é a lei divina. (ROSS, 2000, p. 284-285)

O domínio da cosmologia cristã fez por considerar o Direito Natural também como um direito imutável, estável e permanente. Trata-se de um Direito imutável no tempo, universal, um Direito criado por alguma Entidade que existe além dos homens e da natureza: Deus.

Conforme a esta concepção o ser humano e seu Direito vêm do seu criador, isto é, do criador de todo o que existe: eis o verdadeiro Direito, aquele que deve ser observado e obedecido.

Na época deu-se preponderância ao plano e propósito do Poder Divino, para o qual seria necessário ordenar a vida humana por meio de regras geralmente escrita, sendo a Bíblia Sagrada o documento representativo dessa orientação: conjunto de leis para a realização do plano e propósito de Deus.

Assim, sob uma forte influência religiosa desenvolveu-se a sociedade feudal européia, repercutindo tal influência também no Direito da época. Tal argumento nos permite listar as seguintes características:

1 O Direito é uma consequência da religião e não da natureza.

2 O Direito tem como fundamento a vontade divina e é produto da decisão de DEUS.

3 O homem deveria ser orientado pelas regras sagradas escritas (um código de leis).

Como contribuições científicas da anterior concepção se citam as seguintes: a) a lei se apresenta como forma de imposição de determinadas condutas; b) deu-se maior importância ao direito escrito (conjunto de regras) capaz de orientar a vida do homem em sociedade.

3.2 Racionalismo

Os séculos XVII e XVIII foram a era do racionalismo e do iluminismo. Diz-se de um período de esplendor dos grandes sistemas de direito natural. O Direito natural tornou-se a filosofia prática fundamental de toda uma época, o pensamento dominante não apenas nos estudos jurídicos e na filosofia moral, como também na econômica e na política. Os fundamentos dessa tendência foram formulados pelo holandês Hugo Grócio (*De jure belli ac pacis*, Livro III, 1625), mas foi somente em meados do século XVII que o direito natural logrou o fastígio de seu desenvolvimento com os grandes sistemas de Baruch Spinoza, Samuel Pufendorf, Christian Thomasius, Jean Barbeyrac, Christian Wolf e outros. Mas grande nome dessa era foi Immanuel Kant. (ROSS, 2000, p. 287)

O racionalismo destaca o papel preponderante da razão no processo de formação do conhecimento. O racionalismo não significa, no entanto, o esquecimento de que os fatos contribuem para a formação do conhecimento. Um racionalismo que reduza todo o saber à razao, de maneira absoluta e abstrata, é de difícil configuração. Seria um racionalismo dogmático, vazio, sem expressão relevante no mundo da Filosofia. Nesta forma, o racionalista reconhece que o fato, aquilo que é dado de maneira e intuitiva, é elemento indispensável como fonte do conhecer, mas sustenta também que os fatos não são fonte de todos os conhecimentos e que, por si sós, não nos oferecem condições de certeza (Vejam-se Locke "Ensaios Sobre o Entendimento Humano": *nada existe na inteligência que antes não tenha passado pelos sentidos*, Leibniz (1646-1716): "Novos Ensaios Sobre o Entendimento Humano": *nem todas as verdades são verdades de fato* e René Descarte (1596-1650: *somos possuidores, enquanto seres pensantes, de uma série de princípios evidentes, idéias inatas, que servem de fundamento lógico a todos os elementos com que nos enriquecem a percepção e a representação*) Desta forma, o racionalismo se preocupa com a idéia fundante que a razão por si mesma logra atingir. (REALE, 1969, p. 84, 85, 86)

Uma das possíveis formas que assume o racionalismo é o *intelectualismo*, corrente, originada de Aristóteles, que reconhece a existência de *verdades de razão* e atribui à inteligência função positiva no ato de conhecer. Assim, as razões não contêm em si mesma, verdades universais como idéias inatas, mas as atinge à vista dos fatos particulares que o intelecto coordena: o intelecto extrai os *conceitos* ínsitos no real, operando sobre as imagens que o real oferece. A inteligência não é uma chapa fotográfica, que registre passivamente impressões, mas é, ao contrário, um fator ativo e positivo, capaz de subordinar a si os elementos empíricos, de maneira a captá-los na sua essência. Esta posição do intelectualismo marca uma ramificação do racionalismo, porque é sempre a razão que empresta validade lógica ao conhecimento. (REALE, 1969, p. 87)

A primeira orientação estudada (empirismo), já vimos, tem como base a constatação direta da realidade. Exemplo: um camponês é capaz de constatar diretamente que uma planta nasce de uma semente. Ora, o conhecimento derivado da segunda orientação pode ser visto como um conhecimento do conhecimento, isto é, um conhecimento fundado na razão, que deriva de algum conhecimento anterior, exemplo: um estudante é capaz de saber que uma planta nasce de uma semente em determinadas condições de tempo e espaço por meio da lição de Botânica.

O conhecimento desta segunda orientação é o conhecimento que, de fato, pode existir independentemente da constatação da realidade objetiva. Diz-se do conhecimento que tem existência, ainda que o sujeito cognoscente não constate a cadeia: percepção do fenômeno, surgimento de idéia (conceito, proposições e teorias). Assim, tal conhecimento pode ter como referência: a) a escrita (documentos pré-elaborados: história, teorias e notícias documentadas) ou; b) a informação oral (de pessoas que tiveram ou não a oportunidade de constatar certos fatos ou acontecimentos).

Segundo o fundamento desta segunda orientação nem sempre o homem tem a oportunidade de entrar em contato direto com a realidade. Isto não impede que se forme uma idéia ou noção dela. A não constatação direta dos fatos não impossibilita a formação de opiniões; portanto, podemos pensar, julgar, consentir e afirmar idéias que muitas vezes não podem ser tiradas da experiência. Assim, se diz que existem conceitos puros (ou transcendentais) e subjetivos, mas universalmente humanos; pois, cada um de nós, enquanto pensa, não pode pensar senão conforme essas formas, constitutivas da mente humana ou da razão.

Em princípio, podemos julgar a importância e o valor histórico de uma proposição que se referem a fatos e fenômenos históricos (já ocorridos) ou futuros (que estão por ocorrer) e, nesse sentido, o conhecimento repousa: na fé, na verificação, mas também na valoração do que num dado momento é afirmado.

Sabe-se que o ser humano é capaz de se envolver com enunciados que se manifestam como sendo máximas ou princípios dos quais deduzimos um conhecimento. Isto porque, para que uma idéia se conheça ela deve ser manifestada de forma oral ou escrita. Assim pensamos e dizemos por meio da fala ou da escrita, isto é, transmitimos um pensamento, ou melhor, doamos uma informação que poderá ser aceita ou não (valoração).

Podemos conhecer indiretamente, isto é, sem constatar a realidade, por exemplo, que: a) "num lugar *X* existe um alto nível de criminalidade"; e b) "no planeta *Y* foi descoberto um determinado metal". Analisando tais enunciados supomos que alguém já foi capaz de constatar tais realidades e observou os fundamentos para a formulação dos mesmos. Na questão da oportunidade de tais idéias as diversas opiniões já formadas sobre tais assuntos (consenso) desempenham um papel importante. Assim, por exemplo: "*acreditamos que o sol nascerá amanhã porque ele assim tem feito no passado*". (POPPER, 1999, p. 15)

Ao se duvidar da "verdade" (ou do valor) de *a*, será legítima a procura pela constatação da realidade (certeza intuitiva e experimental); duvidando da "verdade" (ou do valor) de *b*, será legítimo observar o fundamento lógico de tal afirmação; quando seja impossível entrar em contato direto com a realidade base de tal enunciado.

Nessa realidade, os valores existem como conceitos indefiníveis, mas que transcendem numa harmonia suprassensível. Eles constituem uma realidade impenetrável, para alguns absoluta, para outros, relativa.

> Pois bem, a relação entre justiça e razão nos diz respeito à maneira como os indivíduos deve tratar uns aos outros. Elas também dizem respeito a como a sociedade deve ser organizada. São questões de justiça. (SANDEL, 2013, p. 14)

Contudo, a formulação de um enunciado não implica verdade. Uma afirmação pode parecer verdadeira num dado momento histórico, porém ser tida como falsa num momento posterior. Por exemplo, Tales de Mileto afirmava que a terra flutuava sobre a água. "Mover-se-ia como um navio e quando se diz que ela treme, em verdade flutuaria em consequência do movimento da água". (BORNHEIM, 1997, p. 22)

Assim, conhecemos e afirmamos que "a terra é redonda e gira em torno do sol", embora não tenhamos constatado diretamente esse fato. Certo é que, num primeiro momento tal afirmação, que hoje consideramos verdadeira, foi e é ainda constatada de forma direta por pesquisadores. Destarte, independentemente da relação tempo-distância em que se encontre a origem ou cadeia sucessória do conhecimento, registramos a mesma como sendo o resultado de uma demonstração das consequências de uma proposição para outra.

Consideramos, então, que nem toda afirmação pode ser constatada ou verificada por meio da experiência; portanto, é legítimo afirmar que muitas vezes o conhecimento deriva de uma valoração que é, por momentos, independente da experiência. Eis a segunda orientação que tem como base um conjunto de idéias e afirmações (científicas ou não científicas) que nos fazem raciocinar e deduzir a certeza das teorias. Tal é o conhecimento que se fundamenta no valor das proposições e que geralmente está condicionado a uma valoração anterior (ou prévia) ou posterior. Vejamos, a seguir as críticas e as defesas conhecidas.

As concepções que direta ou indiretamente tentam invalidar esta fonte ou formação de conhecimento reconhecem que a consciência é uma manifestação de certa substância imaterial, da "alma" que não depende da matéria, existe de forma independente é imortal e eterna.

A crença na existência de uma alma justificou os sonhos, a vida, a morte e a reencarnação (vida eterna). Igualmente, considerou-se que a consciência (a razão a idéia, o espírito) procede de uma essência sobrenatural independente, que cria o mundo e orienta seu movimento e desenvolvimento.

Para Platão, por exemplo, ainda, amores, desejos, temores, imaginações de toda espécie, nos ocupa de tal modo que, por ele, como se diz, não nos chega mesmo, realmente, nenhum pensamento sensato (PLATÃO, 1960, p. 29). Outros, ao negar que o conhecimento é um reflexo da realidade objetiva, preferem substituir o termo reflexo por correspondência, para apresentar o conhecimento não como uma imagem da realidade objetiva, mas como um signo ou símbolo que a substitui. Assim sendo, "nossas sensações e representações são signos, e não um reflexo dos objetos. Porque exigimos a imagem certa semelhança com o objeto refletido e jamais podemos estar seguros dessa semelhança". (CASSIER, *apud*, KONSTANTIVOV, 1976, p. 12)

Vários defensores do conhecimento pela razão foram encontrados na filosofia pré-socrática. Já desde essa época afirmava-se que: 1) o conhecimento sensível é enganador e que, portanto, deve ser superado pela razão (Heráclito de Éfeso); 2) nada deriva do acaso, mas tudo de uma razão (Leucipo de Abdera).

Na obra de Kant, como vimos, encontramos a idéia de que o conhecimento, embora derivem da experiência, alguns há, no entanto, que não têm essa origem exclusiva. Para Kant, surgiria aqui uma questão que não se pode resolver à primeira vista. Tais conhecimentos são denominados "a priori", e distintos dos empíricos, cuja origem é "a posteriori", isto é, da experiência. Há conhecimentos que derivam indiretamente da experiência, isto é, de uma regra geral obtida pela experiência, e que, no entanto, não podem ser tachados de conhecimentos "a priori". Assim, continua o autor, se alguém escava os alicerces de uma casa, "a priori" poderá esperar que ela desabe, sem precisar observar a experiência da sua queda, pois, praticamente, já sabe que todo corpo abandonado no ar sem sustentação cai ao impulso da gravidade. Considera-se, portanto, conhecimento "a priori", todo aquele que seja adquirido independentemente de qualquer experiência. A ele se opõem os empíricos, isto é, àqueles que só o são "a posteriori", quer dizer, por meio da experiência. Sabe-se que Kant dividia o conhecimento "a priori" em puros (os que carecem completamente de qualquer empirismo) e impuros. Assim, p. ex., "toda mudança tem uma causa", é um princípio "a priori", mas impuro, porque o conceito de mudança só pode formar-se extraído da experiência. (KANT, s.d, p. 21)

Diz-se que a consciência se identifica com a capacidade do homem de conhecer valores, com o conhecimento mesmo, com a percepção imediata da própria experiência ou com aquela capacidade de percepção. Há, contudo, uma boa razão para entender que a consciência (sua existência e desenvolvimento) está unida à aquisição de conhecimentos pelo homem acerca de uns ou vários objetos: dados, valores ou fenômenos. Desta forma, o conhecimento é o modo de existência da consciência. Algo surge na consciência na medida em que esta conhece desse algo.

É por meio da sensação que o homem é capaz de estabelecer o nexo direto com a realidade objetiva. A sensação, como reflexo (relativo) de algumas propriedades das coisas do mundo objetivo, durante seu influxo direto nos órgãos dos sentidos, tornar-se-ia a fonte de todo conhecimento acerca dos objetos e fenômenos. Assim, o caráter da percepção depende do nível de conhecimento que possui o homem, de seus interesses. Vejamos, por exemplo, que um físico (cientista) terá mais possibilidade de compreender os problemas da sua ciência do que um jurista.

Conclui-se que, com o auxílio da razão o homem cria e pesquisa, formula e submete a prova proposições ou hipóteses. Uma das características e motivos desta segunda orientação é o fato de que o ser humano nem sempre se envolve com a realidade objetiva. Certamente, o homem é capaz de entrar em contato com um conhecimento já existente em forma de teorias (doutrinas: conjunto de opiniões, proposições ou enunciados). Nesse confronto o homem não só é capaz de pensar em forma de conceitos, juízos e deduções que significam os nexos que existem entre objetos, fenômenos e teorias, mas também sobre a oportunidade e certezas dessas teorias, ainda sem constatar a realidade que elas representam.

Um dos problemas que limita a análise e compreensão exata dos fenômenos e a construção das teorias é a separação radical da *experiência* (empirismo) da *razão* (racionalismo). Contudo, para poder compreender o fundamento de cada conhecimento precisa-se outorgar valor a ambas as dimensões, pois é nelas que se assentam as bases de todo conhecimento humano.

A consciência é impossível sem a atitude cognoscitiva do homem perante o mundo. Contudo, a compreensão do mundo objetivo gera o subjetivo, isto é, um mundo intelectual que é qualitativamente distinto do objetivo. É aqui que o conhecimento pode ser visto como atividade da consciência orientada a refletir, interpretar e transformar o mundo objetivo.

Desta forma, poder-se-ia concluir que o conhecimento nem sempre é direto (empírico). Podemos construir idéias das idéias e, assim, adquirir ou transmitir conhecimento sem que seja necessária a contemplação imediata. Servindo-nos das informações e explicações conhecidas sobre um objeto, podemo-nos formar um conhecimento, representando todos seus elementos. Logo, acreditamos existir um conhecimento mediado pelas teorias que deriva de uma série de explicações não constatadas, mas representadas e reproduzidas como consequência das informações fornecidas por qualquer via que não seja a constatação direta ou imediata do mundo objetivo. Pode-se pensar que podemos derivar conhecimento dos signos, pois, por meio da razão somos capazes de retornar ao passado, questionar o presente e prever o futuro. É por isso que a consciência é uma das potencialidades primorosas de todo ser humano.

Em suma, o ser humano tem a potencialidade de poder formar uma noção de algo que não constatou (ou não conheceu diretamente). No entanto, como explicaremos a seguir, devemos diferenciar o conhecimento científico da mera crença; pois, como bem afirma Russell (1978, p. 180-181), podemos ter crença antes que tenhamos experiência de sua verdade; se assim for, em certo sentido será conhecimento sintético *a priori*, isto é, crença, não baseada na experiência, numa proposição sintética verdadeira. Mas tais crenças, mesmo quando verdadeiras, dificilmente merecem o nome de conhecimento, visto não serem todas verdadeiras e, portanto, todas exigirem verificação antes de devermos considerá-las como certas.

CAPÍTULO 4
JUSTIÇA POSITIVA

Na Grécia, entre os séculos VIII e V a.C, empreendeu-se a busca pela construção de uma sociedade justa, livre e sem preconceitos. Dessa procura originam-se, de um lado, a democracia e, de outro, a filosofia. O livre desenvolvimento do pensamento ocorreria sob a noção da ausência de uma teologia ou religião que forneça explicações coerentes do mundo. Desenvolve-se, assim, a consciência de viver em sociedade, sendo que os destinos da pólis são de responsabilidade de todos os cidadãos, não haveria, portanto, outro senhor a não ser a lei. A soberania e (a justiça) provêm da lei e não dos deuses ou de algum rei: eis aí o fundamento da democracia grega. A lei tornou-se impessoal, obra coletiva, resultado da decisão tomada por todos, reunidos em assembleia pública. (SIQUEIRA, 1999, p. 18-23)

O governo da cidade como esforço coletivo era exclusivo dos cidadãos por causa de que os deuses abandonaram os homens. Os próprios sofistas, por exemplo, não se preocuparam com o que uma argumentação pode ter de justo ou injusto, moral ou imoral, compartilhando a ideia de que o mundo humano é uma criação do próprio homem. Nesse mundo não há um único princípio que a todo comande, mas apenas convenções que os homens estabelecem para depois abandonar. Os valores e as verdades são instáveis e relativos. Por esse motivo, "o homem é a medida de todas as coisas" [...] das que são enquanto são, e das que não são enquanto não são". Essa afirmação de Protágoras (c. 485-410 a.C), considerado o primeiro sofista, significa que o mundo é aquilo que o homem faz e desfaz por intermédio dos sentidos. E, caso haja um princípio único, o ser humano não pode conhecê-lo. Essa concepção, que separa a ordem das coisas naturais e das dos homens, abre a possibilidade da formulação de ideias não só sobre o conhecimento como também sobre a política e a moral. Uma vez que a medida de todas as coisas é o homem, seu conhecimento está limitado pelos sentidos, que mudam de um para outro (o que é doce para alguns, por exemplo, pode ser amargo para os demais). Assim, se existe algum acordo entre os homens, não resulta do conhecimento de uma suposta verdade absoluta, mas de simples convenção. De maneira semelhante, os modos de organização social e política não derivam de um único princípio de justiça e sim das convenções criadas pelos homens de acordo com as circunstâncias e as conveniências. No âmbito da moral dá-se o mesmo. Bem e mal são simplesmente valores que o ser humano convencionou chamar por esses nomes. (SIQUEIRA, 1999, p. 36-38)

Conforme explica Alf Ross (2000, p. 274-275), Protágoras se deu conta da inutilidade das tentativas dos filósofos de conhecer a essência absoluta da existência e das coisas, e ensinou que todo conhecimento reside na percepção de nossos sentidos e é, por conseguinte, necessariamente relativo e individual. As coisas são tal como as vemos, mas os serem humanos as vêem de maneiras diferentes. Este foi, essencialmente, o ponto de vista da ciência moderna: a relatividade de toda ciência e sua dependência da observação por meio dos sentidos. Não haveria direito universal e eterno e as leis não têm origem divina. São única e exclusivamente obras do ser humano baseadas na convenção estabelecida e não poder. As leis humanas são a corporificação do poder arbitrário dos governantes. Todo governante produz leis que lhe são proveitosas e chama de justo aquilo que serve aos seus próprios interesses. A doutrina da justiça imanente às leis não passa de uma capa astuciosa que encobre o predomínio da força.

4.1 Justiça legal

Define-se a "justiça legal" como aquela espécie de justiça emanada da lei. Esta concepção derivaria da etimologia do conceito presente na filosofia grega. Diz-se que "o termo grego equivalente à Justiça, *dikaios*, significa 'aquilo que está de acordo com a lei ou com as normas sociais'. Logo, o vocábulo justiça significaria o rigoroso respeito aos direitos de cada um (no latim, a justiça vem de 'jus', que significa direito); talvez por isso, o jurisconsulto romano ULPIANO definiu a palavra como sendo *a vontade firme de dar a cada um o seu direito, o que é seu*". (ROCHA, 2010, p. 273)

Mas, em verdade, este não seria o único sentido atribuído ao conceito. Sócrates entendia justiça vinculada à razão, uma razão necessária à convivência, que estabelece a ordem por meio de leis gerais e abstratas para todos os cidadãos. Nesse sentido a lei seria racional; portanto, mesmo injustas devem ser obedecidas.

Na ética de Aristóteles, se nos apresenta a justiça definida pela lei. De acordo com o autor, o termo "injusto" se aplica tanto às pessoas que infringem a lei quanto às pessoas ambiciosas (no sentido de quererem mais do que aquilo a que têm direito), de tal forma que obviamente as pessoas cumpridoras da lei e as pessoas corretas serão justas. O justo, então, é aquilo que é conforme à lei e correto, e o injusto é o ilegal e iníquo. Como as pessoas que infringem as leis parecem injustas e as cumpridoras da lei parecem justas, evidentemente todos os atos conformes à lei são justos em certo sentido; com efeito, os atos estipulados pela arte e legislar são conforme à lei, e dizemos que cada um deles é justo. Em seus preceitos sobre todo os assuntos as leis visam ao interesse comum a todas as pessoas, de tal forma que em certo sentido chamamos justo os atos que tendem a produzir e preservar a felicidade, e os elementos que a compõem, para a comunidade política (ARISTÓTELES, 1992, p. 91-92). O positivismo excludente parece ter se fundado nesta teoria.

Importaria, assim, atribuir maior importância à justiça positiva, uma justiça necessária e criada imposta pelo homem, por meio de normas, quando as anteriores justiças não são observadas em sociedade. Achamos, assim, que essa seja a razão mais importante do direito, qual seja, prescrever a conduta que nos leva à realização da justiça.

Pois bem, a justiça positiva encerra o ciclo das justiças anteriores, e esta deriva de se convir em enxergar o homem como "medida de todas as coisas". Mas a qualidade ou virtude da justiça atribuída a um indivíduo, explica Kelsen (1998, p. 2-4), exterioriza-se na sua conduta; na sua conduta em face de outros indivíduos, isto é, na sua conduta social. A conduta social de um indivíduo é justa quando corresponde a uma norma que prescreve essa conduta, isto é, que a põe coo devida e, assim, constitui o valor justiça. A conduta social de um indivíduo é injusta quando contraria uma norma que prescreve uma determinada conduta. A justiça de um indivíduo é a justiça de usa conduta social; e a justiça da sua conduta social consiste em ela corresponder a uma norma que constitui o valor de justiça. Conforme o citado autor, como as normas da moral são normas sociais, isto é, norma que regulam a conduta de indivíduos em face de outros indivíduos, a norma de justiça é uma norma moral; e, assim, também sob este aspecto o conceito de justiça se enquadra no conceito da moral.

4.2 Justiça no direito

O positivismo em face da legislação é aquele positivismo que tem como centro de interesse e análise a norma. Eis uma variação que se define com base na leitura normativa do Direito, isto é, quando se significa o Direito com base em uma única dimensão: *a normativa*.

Assim, "por obra do positivismo jurídico ocorre a redução de todo o direito a direito positivo, e o direito natural é excluído da categoria do direito: o direito positivo é direito, e o direito natural não é direito". (BOBBIO, 1995, p. 26). Para esta acepção o Direito deve ser considerando um conjunto de normas válidas ou positivadas. Trata-se de um positivismo que procura dar aos estudos jurídicos um caráter empírico-científico, observando o objeto do direito como resultado da vontade do legislador. Assim, é visto o Direito como uma ciência que tem por objeto as normas jurídicas positivas, nos moldes das ciências naturais.

As teorias positivistas derivadas dessa variação reclamam da organização social por meio de normas defendendo a idéia de um Direito (Ciência do Direito) que não se preocupa com problemas morais, políticos ou sociais e que é capaz de impor uma organização social. Como principais representantes das teorias positivistas centradas na legislação destacam-se a: Thomas Hobbes (1588-1679); Jean-Jacques Rousseau (1712-1778) e Hans Kelsen (1881-1973).

Para Thomas Hobbes (1588-1679) a condição natural do gênero humano é a igualdade, pois a natureza criou os homens iguais nas faculdades do corpo e do espírito. Dessa condição de igualdade, conforme o autor, deriva um estado de Guerra de todos contra todos; pois da igualdade de capacidade entre os homens resulta a igualdade de esperança quanto ao nosso fim. Por isso mesmo todos os homens desejam a mesma cosa e tal causa o tornam inimigos, pelo fato de viver em competência, desconfiança e glória. Contudo, não existe um Poder comum capaz de manter os homens em respeito, temos a condição do que se denomina Guerra; uma Guerra de todos os homens contra todos. Ante tal situação o autor faz derivar uma Lei Fundamental de Natureza que ordena aos homens procurar a paz, uma segunda lei pela qual o homem deve concordar com a renúncia de seus direitos a todas as coisas, contentando-se com a mesma Liberdade que permite aos demais.

A transferência de direito consiste meramente em não-resistência. Renunciar ao direito é o mesmo que se privar da Liberdade de negar a outrem o benefício de seu próprio direito à mesma coisa. Assim, renunciamos a um direito sem importar a quem beneficiamos e transferimos um direito quando se pretende beneficiar determinada pessoa ou pessoas.

É nesse sentido que Hobbes defende a existência de um direito legislado. A razão sugere adequadas normas de paz que podem ser alcançadas pelos homens, por meio do mútuo acordo. Assim, para Hobbes (2000, p. 99) se "o DIREITO é a liberdade de agir ou de omitir, a lei obriga a agir ou omitir". Assim sendo, pela palavra *direito*, o autor entendia, a liberdade que todo homem possui para utilizar suas faculdades naturais em conformidade com a razão reta. Não há lei onde não há poder e onde não há lei não há justiça. Tal tese, independentemente dos fundamentos jusnaturalistas, faz colocar o autor numa posição positivista.

De acordo com Hobbes as leis de natureza não bastam para preservar a paz, e nesse sentido, infere o autor, não basta um homem compreender corretamente as leis naturais para que, só por isso, tenhamos garantia de obediência. Não basta o consentimento, é preciso também a união, para estabelecer a paz entre os homens. Na união, o direito de todos os homens é transferido a um só. (HOBBES, 2002, p. 91)

Jean-Jacques Rousseau (1712-1778) não seria considerado um filósofo tradicional no sentido estrito do termo, pois seu pensamento não estava orientado a esclarecer o encadeamento lógico das idéias nem a fundamentação racional dos princípios por ele formulados. Observa-se que o centro do pensamento de Jean-Jacques Rousseau reside na indicação dos caminhos para alcançar a felicidade, tanto de cada indivíduo como da sociedade toda. Ao respeito, e entre outras teorias escrevia sobre o *Contrato Social*. A obra *Do contrato social* é considerada o texto de excelência suíço Jean-Jacques Rousseau. Nesta obra clássica o nosso autor sua noção de Contrato Social, que o distancia da obra de Hobbes e de Locke. Rousseau considerava que o ser humano é por natureza bom, mas a sua convivência social ocasionaria uma "degeneração" do homem, uma espécie de involução, isto é, de regressão ao estado primitivo. Daí a importância do Contrato Social do autor que significaria um acordo entre indivíduos para constituir uma sociedade e, posteriormente um Estado. O Contrato Social teria como premissa um Pacto de associação, não de submissão. Isto coloca o autor no contexto positivista. Distingue a força do direito. A primeira pode-se impor o segundo obriga. Afirma que a liberdade seria necessária à condição humana. Portanto, ao renunciarmos à liberdade estaremos renunciando à condição de homem.

Ao afirmar que o direito pode ser caracterizado como conjunto de normas e regras, Kelsen observa que é necessário diferenciar tais regras de outras regras e, em particular, as derivadas das leis da natureza (na acepção da física). Neste sentido, afirma o citado autor, as leis da natureza são enunciadas sobre o curso efetivo dos eventos, as regras jurídicas são prescrições para a conduta do homem. As leis da natureza são regras que descrevem como os eventos naturais efetivamente ocorrem, ou seja, quais são suas causas. As regras de direito referem-se apenas à conduta humana; elas especificam como o homem deve se conduzir e não dizem nada sobre o comportamento efetivo do homem e suas causas. Por isso, conclui o autor, a fim de evitar mal-entendidos (quanto à natureza do direito), é melhor não usar o termo regra neste contexto, mas, antes, caracterizar o direito como norma. (KELSEN, 2000, p. 52)

Uma máxima desta orientação positivista é: a justiça está na própria lei. Levando esta acepção ao extremo, vemos que se trata de uma visão que nega o espírito solidário do homem em sociedade, o que faz surgir a necessidade de uma regulamentação que harmonize a convivência social. Neste empenho procura-se separar o domínio do *ser* e do *dever ser* na ciência, representando o direito como um conjunto de normas vigentes e não como tais normas deveriam ser, isto é, separando o direito da moral. Igualmente, propõe-se separar o estudo dos conceitos jurídicos da análise da origem histórica ou sociológica da norma, por serem considerados domínios científicos diferentes.

Assim Kelsen (2008, p. 8) acreditaria que o juízo que define um comportamento humano como moralmente bom ou ruim, o juízo moral de valor, significa (na medida em que exprima um valor objetivo) se esse comportamento está ou não de acordo com o que deve ser, se corresponde ou não a uma norma objetivamente válida.

A ideia de que a justiça está na própria lei pode ser vista na obra de Kelsen (KELSEN, 1998, p. 35, 48) quem considera que "o Direito é uma ordem de coerção justa". Uma ordem jurídica pode ser julgada como injusta do ponto de vista de uma determinada norma de Justiça. O fato, porém, de o conteúdo de uma ordem coercitiva eficaz poder ser julgado como injusto, não constitui de qualquer forma um fundamento para não considerar como valida essa ordem coercitiva. Assim, quanto à justificação do Direito pela Moral, afirma o citado autor:

> Uma justificação do Direito positivo pela Moral apenas é possível quando entre as normas da Moral e as do Direito possa existir contraposição, quando possa existir um Direito moralmente bom e um Direito moralmente mau. Quando uma ordem moral, como, v. g., a proclamada por Paulo na sua Epístola aos Romanos, prescreve a observância, em todas as circunstâncias, das normas postas pela autoridade jurídica e, assim, exclui de antemão toda a contradição entre ela própria e o Direito positivo, não pode realizar a sua intenção de legitimar o Direito positivo emprestando-lhe o valor moral. Com efeito, se todo **o Direito positivo, por ser querido por Deus, e, portanto, justo, é bom**, assim como tudo que é, por ser querido por Deus, é bom, **nenhum Direito positivo pode ser mau**, assim como nada do que é pode ser mau. Se o Direito é identificado com a Justiça, o ser com o dever-ser, o conceito de Justiça, assim como o de bom, perdem o seu sentido. Se nada há que seja mau (injusto), nada pode haver que seja bom (justo). A necessidade de distinguir o Direito da Moral e a ciência jurídica da Ética significa que, do ponto de vista de um conhecimento científico do Direito positivo, a legitimação deste por uma ordem moral distinta da ordem jurídica é irrelevante, pois a ciência jurídica não tem de aprovar ou desaprovar o seu objeto, mas apenas tem de o conhecer e descrever. Embora as normas jurídicas, como prescrições de dever-ser, constituam valores, a tarefa da ciência

> jurídica não é de forma alguma uma valoração ou apreciação do seu objeto, mas uma descrição do mesmo alheia a valores (*wertfreie*). O jurista científico não se identifica com qualquer valor, nem mesmo com o valor jurídico por ele descrito. (Grifo nosso)

Assim, para Kelsen, a tese de que o Direito é, segundo a sua própria essência, moral, isto é, de que somente uma ordem social moral é Direito, é rejeitada pela Teoria Pura do Direito, não apenas porque pressupõe uma Moral absoluta, mas ainda porque ela na sua efetiva aplicação pela jurisprudência dominante numa determinada comunidade jurídica, conduz a uma legitimação acrítica da ordem coercitiva estadual que constitui tal comunidade.

Por esse caminho, o caráter normativo reduziria o direito a uma técnica específica de organização social, sendo o seu conceito um problema técnico, e não moral. Assim sendo, Direito e justiça seriam dois conceitos diferentes. O Direito, assim considerado distinto da justiça, é o Direito positivo. E, assim, concluiria Kelsen, "se Direito e justiça são identificados, se apenas uma ordem justa é chamada de Direito, uma ordem social que é apresentada como Direito é – ao mesmo tempo – apresentada como justa, e isso significa justificá-la moralmente". (KELSEN, 1998, p. 8)

O principal problema na polêmica acerca do conceito de direito, ensina Robert Alexy (2009, p. 3-4) é a relação entre direito e moral. Apesar de uma discussão de mais de dois mil anos, duas posições fundamentais continuam se contrapondo: a positivista e a não positivista. Conforme o citado autor, todas as teorias positivistas defendem a tese da separação. Esta determina que o conceito de direito deve ser definido de modo que não inclua elementos morais. A tese da separação postula que não existe nenhuma conexão conceitualmente necessária entre o direito e a moral, entre aquilo que o direito ordena e aquilo que a justiça exige. Em contrapartida, todas as teorias não positivistas defendem a tese da vinculação. Esta determina que o conceito de direito deve ser definido de modo que contenha elementos morais.

Destarte, a tradição positivista o direito se inspira na legalidade: num conjunto de normas postas pelo homem. É o homem quem, por razão de segurança e certeza jurídica enxerga nas normas uma forma de controle social. Assim, o direito é norma ou um conjunto delas que não desprende de divindade nem da moral.

O positivismo, nesses moldes traz a seguinte proposta: vale mais uma lei injusta do que a inexistência de lei. Isso significa que a lei, por si só, se justifica: ela é justa por ser lei. Eis aí uma das premissas do positivismo legalista, aquele que significa o direito como a lei: "não só *apenas* a lei é direito, mas também *qualquer* lei é direito". (KAUFMANN, 2002, p. 122)

Herbert Lionel Adolphus Hart é considerado um importante jusfilósofo inglês. Autor de várias obras, porem a que mais nos interessa ao efeito do positivismo é o *Conceito do Direito*, onde o professor da Universidade de Oxford desenvolve sua sofisticada teoria sobre o positivismo jurídico nos moldes da filosofia analítica.

H. L. A. Hart (2009, p. 2.), a partir de uma postura notoriamente positivista, optou por considerar desnecessário definir o Direito. Eis que Hart, na sua conhecida obra, tinha como objetivo aprofundar a compreensão do Direito, da coerção e da moral como fenômenos sociais distintos mais relacionados entre si. Apesar de sua preocupação com a análise, o nosso autor se preocupou com a sociologia descritiva, orientando sua obra a partir de uma investigação sobre os significados das palavras.

Para Hart é evidente que a legislação faz parte do direito; é pelo menos um ramo do direito. É claro, afirma Hart, que o direito não pode ser apenas o que as autoridades fazem ou o que os tribunais vão decidir, uma vez que é o direito que cria uma autoridade ou um tribunal. Não só o direito e a moral compartilham um mesmo vocabulário, de modo que há obrigações, deveres e direitos tantos jurídicos como morais, mas também todos os sistemas jurídicos internos e intranacionais reproduzem a substancia de certas exigências morais fundamentais. O homicídio e o uso gratuito da violência são apenas os exemplos mais óbvios da coincidência entre as proibições do direito e da moral. Além disso, há uma idéia, a de justiça, que parece unir os dois campos. Esses fatos, conforme o autor, sugerem a interpretação de que o direito deve ser compreendido como um ramo da moral ou da justiça, e que é a congruência com os princípios da moral. (HART, 2009, p. 2.)

Contrariando as doutrinas que combatem o positivismo, Hart destacaria que a afirmação de que "uma lei injusta não é uma lei" soa tão exagerada e paradoxal, ou mesmo falsa, quanto a declaração de que "as leis criadas pelo legislador não são leis", ou "o direito constitucional não é direito". Para Hart tais são extremos que perpassa toda a história da teoria do direito que aqueles que não viram na estreita assimilação entre o direito e a moral nada além de uma dedução equivocada, tirada do fato de que o direito e a moral compartilham um vocabulário comum que direitos e deveres. (HART, 2009, p. 2.)

Hart procurou colocar os ideais jurídicos (inclusive a moral) dentro do próprio fenômeno da juridicidade, não como fundamento metaempírico de validez do direito positivo, mas como algo empiricamente verificável dento do próprio direito positivo, exprimindo, por conseguinte, uma realidade social. (HART, 2009, p. 2.)

Conforme explicou o cietado autor, os termos mais frequentemente usados pelos juristas ao aplicar o direito sao o "justo" e o "injusto". Ha de fato boas razoes para que a justiça ocupe um lugar importantíssimo na crítica nos arranjos jurídicos; contudo, é importante ver que ela é um segmento da moral, e que as leis e sua aplicação podem dela ter, ou carecer. As características distintivas da justiça e sua ligação especial com o direito começa a pôr-se em evidencia quando observaos que a maior parte das críticas formuladas em termos de justo e injusto poderia ser quase tão bem expressa pelas palavras "equitativos" e "não-equitativo". Evidentemente, a equidade (ou imparcialidade) nao coincidee com a moral em geral; as referências a ela são pertinentes sobretudo em duas situações da vida social. Uma se dá quando nao estamos considerando a conduta de um único indivíduo, mas a forma como se tratam classes de indivíduos, quando há alugm encargo ou benefício a ser distribuído entre elas. (HART, 2009, p. 204-205)

Mas, em verdade, o critério de justiça pode já estar definido na lei ou deve ser invocado pelo agente aplicador do direito e, nesse sentido, a equidade ha de ser entendida como um princípio da justiça.

Conforme ensina, Vladimir Silveira (2006, p. 64), a justiça, como conceito moral, pode ser considerada muito mais ampla e inclui a chamada justiça legal. Acredita-se, precisamente, que a diferença entre o legal e o legitimo é que deve ser explicado numa teoria da justiça. Nas sociedades abertas da atualidade que apresentam uma pluralidade de formas de vida e consequentemente, de tradições e culturas, a reflexão sobre a justiça se centra na pretensão de justiça dessa mesma ordem social, política e econômica. Desse modo, tendo em vista que essa ordem não é algo natural, e sim posta, é evidente que sua primeira missão deverá se legitimar-se, isto é, demonstrar a conformidade de suas normas e instituições com os valores da sociedade.

Em suma, devemos concordar com a ideia de que a justiça é um segmento da moral primordialmente afeto não à conduta individual, mas às formas de tratar classes de indivíduos. É isso que confere à justiça sua especial pertinência na crítica do direito e de outras instituições públicas ou sociais. É a mais pública e a mais jurídica das virtudes. Mas os princípios da justiça não esgotam a ideia de moral; e nem toda a crítica do direito apoiada em bases morais é feita em nome da justiça. As leis podem ser condenadas moralmente simplesmente por exigirem que os homens pratiquem certos atos que a moral proíbe aos indivíduos, ou porque exigem que os homens se abstenham de agir de forma moralmente obrigatória. (HART, 2009, p. 204-205)

Certamente, a ideia de que a justiça é um segmento da moral convida os leitores a se perguntar se podemos praticar atos não considerados morais em nome da justiça, ou melhor, se atos imorais não são necessariamente injustos. Para poder dar uma resposta coerente a essa questão devemos examinar que o frequentemente chamamos de conduta moral, em determinada sociedade é o resultado de uma convenção de grupo ou de classe. Assim, o que pode resultar ofensivo para um grupo pode não ser para outro. Uma conduta pode ser considerada imoral, mas justa ou moral, mas injusta. Mesmo a conduta ou prática exercida por um grupo seja considerada imoral por outro, o único motivo que nos autoriza a falar que essa conduta é justa ou injusta é o fato de, em verdade, ela cause mal aos outros e, por extensão, à comunidade, à sociedade, à humanidade, à convivência humana. Assim, duvidamos que, alguns casos, tais como, por exemplo, a imoralidade sexual privada e a mudança de sexo possam, mesmo sendo consideradas práticas imorais por alguns, possam ser chamadas de injusta.

CAPÍTULO 5
A JUSTIÇA COMO CONDIÇÃO DO DIREITO

O conceito de Direito, isto é, o que é Direito agrega uma concepção de justiça, algum critério moral ao qual a ordem normativa deveria se reportar para ser considerada jurídica. (BARBAROSCH, 2011, p. 92)

Podemos, de fato, concordar com a ideia de que toda arte, atividade ou ciência, assim como toda ação e todo propósito visam a algum bem (a felicidade) e todo bem é aquilo a que todas as coisas visam. Mas como há muitas atividades, artes e ciências, suas finalidades também são muitas (ARISTÓTELES, 1992, p. 17). Esta tese não deixa de se aplicar ao Direito.

Mas, como entendemos o bem do Direito? Assim como a finalidade da Medicina é a saúde, o Direito objetiva a justiça. Em ambos os casos, saúde e justiça são os bens (as felicidades), as finalidades a serem alcançados pela Medicina e pelo Direito.

Já que há evidentemente mais de uma finalidade reservada ao Direito, a saber, a coação, a sanção, o controle social, a educação etc. que obviamente não são consideradas finais, porém subordinadas ao um bem ou finalidade suprema e evidentemente final. Portanto, "se há somente um bem final, este será o que estamos procurando" (ARISTÓTELES, 1992, p. 23): a Justiça.

É plausível, então, reconhecer a existência de um vínculo entre Justiça e Direito. A Justiça é o bem (a felicidade) do Direito, nesse sentido, todos os processos que são próprios dele criação, interpretação, aplicação de normas e uso de doutrinas devem ser desenvolvidos consequentemente para concretizar esse bem: a Justiça. Assim, não há como separar as coisas boas (valores) das coisas úteis (normas).

Decerto, para ilustrar os traços característicos do direito como meio de controle social, julga-se necessário introduzir elementos que não podem ser definidos a partir de ideias como as de ordem, ameaça, obediência, hábitos e generalidade. Muito do que é característico do direito fica distorcido pelo esforço de explica-lo nesses termos simples. Assim, é necessário distinguir a ideia de hábito geral da noção de norma social, e ressaltar o aspecto interno das normas, manifestado em seu emprego como padrões que servem para orientar e criticar o comportamento (HART, 2009, p. 201). Para mim esse aspecto interno é a justiça.

Mas, de fato, "devemos tornar-se justos praticando atos justos, e moderados [...]. É correto, então, dizer que é mediante a prática de atos justos que o homem se torna justo" (ARISTÓTELES, 1992, p. 39). Mas, como a prática da justiça não é espontânea precisamos de normas sociais: jurídicas e morais para consegui-la. Aqui o direito se torna útil à justiça.

5.1 Dialogo entre justiça e direito

Podemos concordar com a ideia de que nenhuma das teorias sobre a justiça conhecidas há conseguido demostrar a factibilidade de uma conexão conceitual necessária entre justiça e direito. Mas, a revisão dessas teorias hoje nos autoriza a sustentar a realização da justiça depende da eficácia e da concretização do direito, assim como a eficácia e a concretização do direito têm como condição a justiça.

A ideia da vinculação entre Justiça e Direito, modernamente, considerada como o resultado do desenvolvimento do *jusnaturalismo racionalista* (século XVII – XVIII). Diz-se que o século XVIII e seguintes estiveram marcados pelo surgimento de importantes progressos científicos que influenciaram o pensamento (movimento) cultural, político e jurídico da época. Surge assim, o racionalismo jurídico dando uma virada significativa à acepção do direito, ora visto como uma consequência da própria natureza do homem e da sociedade.

A crítica ao Direito Divino foi sustentada com base na "razão humana" como única via para o estabelecimento de uma ordem jurídica natural. Assim, junto à razão, continuaria predominando a religiosidade, considerando-se que toda razão, todo poder e livre arbítrio do homem são outorgados por DEUS. Logo, o poder de raciocinar também é um Dom divino.

A ciência jurídica se tornou racional devido à intensa atividade metodológica que visava reestruturar o pensamento da época. Aqui se destacam como importante as obras de Hugo Grócio (1583-1645), Gottfried Wilhelm Leibniz (1846-1716) e Immanuel Kant (1724-1804). Vejamos.

Hugo Grócio, fundador do jusnaturalismo moderno, defenderia a razão como a verdadeira natureza do homem. Desta forma, separou o pensamento filosófico e jurídico das idéias e princípios teológicos. Grócio considerou próprio do ser humano a iniciativa de se associar e viver em comunidade apresentaria, assim, a *solidariedade* como fundamento do Direito Natural. Conforme esta postura, a obediência ao direito: cumprimento dos contratos, a reparação do dano seria de extrema importância. Desta forma, Grócio consideraria que:

> O Direito Natural é um ditame da justa razão destinado a mostrar que um ato é moralmente torpe ou moralmente necessário segundo seja ou não conforme à própria natureza racional do homem, e a mostrar que tal ato é, em consequência disto vetado ou comandado por Deus, enquanto autor da natureza. (BOBBIO, 1995, p. 20)

Leibniz também consideraria a humanidade regida por princípios do Direito natural. Assim, o Direito natural seria o resultado da "eterna razão divina" que estabelece regras suficientes para o convívio social. Tal postura levou-o a reconhecer que as normas jurídicas criadas pelo ser humano (Direito Positivo) podem vir a ser injustas. Daí a liberdade humana estaria vinculada à religiosidade; pois, é DEUS que concede tal liberdade, sendo o homem seu mero "administrador". O homem, embora livre é um instrumento de DEUS.

Kant foi um fiel representante das idéias decorrente do iluminismo (movimento europeu datado do século XVIII que teve como base a Revolução Francesa de 1789). Assim, no campo da política e do direito defenderia a liberdade, a igualdade e a fraternidade, direitos vistos como naturais de cada indivíduo. Diz-se que a expectativa do iluminismo era fomentar um novo aprendizado para toda Europa fundado na lógica. Combater-se-ia, assim, as formas de pensamento dogmático, propondo como fundamento a "razão humana".

O Direito regido pela razão seria um Direito sem lacunas, sem ambiguidade. Aqui deveria desenvolver um papel determinante os princípios gerais que permitiriam operar no direito. Contudo, um dos objetivos dos juristas ilustrados seria a construção de um sistema jurídico que possa ser aplicado a toda sociedade. Trata-se da tentativa de aplicação massiva do direito, com o intuito de condicionar as grandes massas às regras do sistema capitalista que se encontrava em franco desenvolvimento. (SABADELL, 2000. p. 26)

Conforme a sua postura Kant reconheceria a existência de um Direito Positivo que é fruto do poder político, porém que está fundamentado na razão humana. Afirmar-se-ia o "dever ser" como a essência do direito que garante a liberdade de todos. Defende-se, assim, a idéia de que o Direito deveria estar composto por normas gerais que tutelem a liberdade e o arbítrio de toda pessoa.

Idéias moralista-racionalistas chegaram à atualidade por meio de pensadores como Jürgen Habermas e Robert Alexy, na Alemanha e Ronald Dworkin, no espaço anglo-saxão. Esta corrente busca na interpretação do direito a solução "justa" para cada caso concreto, por meio do diálogo e da argumentação racional fundamentada em argumentos moralistas. Em conclusão, o jurista que se atém a esta linha, mesmo na atualidade, trabalha com definições substanciais (materiais) do direito: direito é o que é justo. Um moralista ignora as normas injustas, mesmo adotadas pelos órgãos competentes. (SABADELL, 2000. p. 28)

Várias características foram atribuídas a tal corrente, a saber:

1 dá-se maior importância à razão humana que aos desígnios de DEUS;

2 vincula-se a religiosidade à capacidade de raciocinar que tem sua origem na vontade divina;

3 substituem-se os métodos do pensamento dogmático da teologia pela razão;

4 elaboram-se propostas concretas para a reformulação do direito europeu, objetivando tornar sua aplicação sistemática;

5 vê-se o direito como uma garantia da liberdade dos homens;

6 a convivência social é responsabilidade exclusiva do homem;

7 define-se o direito como a ciência do *justo*.

Entre as recentes correntes do Direito Natural, citam-se o *jusnaturalismo liberal* e *moderno*, vistos a partir de Hobbes e do pensamento liberal que tem por base as teorias do contrato social, também encontradas em Locke e Rousseau respectivamente. Diz-se que já a Declaração dos Direitos do Homem e do Cidadão de 26 de agosto de 1789 enunciava um seu artigo 2º que "o fim de toda associação política é a conservação dos direitos naturais e imprescritíveis do homem. Esses direitos são a liberdade, a propriedade, a segurança e a resistência à opressão". Falou-se, desde então, em direitos naturais: bases dos direitos humanos.

Conclui-se, assim, que o chamado *jusnaturalismo moderno* começou a ser considerado científico pelo fato de também ser visto como pensamento sistemático. Diz-se que o conceito de *sistema* foi a maior contribuição do chamado jusnaturalismo moderno (direito racional) que primou no direito privado europeu. A jurisprudência européia, que até então era mais uma ciência de exegese e de interpretação de textos, passou a receber um caráter lógico-demonstrativo, a partir da concepção do Direito como um sistema fechado, cuja estrutura dominou e domina até hoje os códigos e os compêndios jurídicos.

Tornou-se, assim, o Direito uma ciência sistemática que teria como objeto uma "ordem" (ordenamento) de faculdades, deveres, direitos e proibições. Identificou-se o Direito com sua função imperativa e não indicativa. Desenvolver-se-ia, logo, uma sistemática jurídica que visava vincular a dedução racional à observação empírica.

Define-se o Direito como a ciência do *justo*. Neste sentido, o verdadeiro Direito seria o Direito justo. Daí a relação de equivalência entre Direito e Justiça a aqui estudada.

É preciso lembrar que a história do direito nos revela a existência de diversas escolas e modelos jurídicos, resultantes do desenvolvimento intelectual e jurídico de cada época e cultura. Eis que em cada período histórico vigorariam um ou várias escolas e modelos: teorias, correntes, isto é, grupos de opiniões ou doutrinas por meio das quais se interpretaria a realidade dos problemas e da conexão ente o Direito e a Moral.

Assim, explica Hart (2009, p. 203), a tese de que existe uma conexão necessária entre o direito e a moral tem muitas variantes importantes. Há muitas interpretações possíveis e necessárias. A expressão mais clara desse ponto de vista, é associada à tradição tomista do Direito Natural. Esta envolve uma dupla afirmação: primeiro, que existem certos princípios de verdadeira moral ou justiça que podem ser descobertos pela razão humana sem a ajuda da revelação, mesmo sendo de origem divina; segundo, que as leis humanas que se chocam com esses princípios não são válidas. Outras variantes dessa concepção geral encaram de forma diferente tanto o status dos princípios morais quanto as consequências do conflito entre direito e moral. Algumas concebem a moral não como princípios imutáveis de conduta ou como algo que a razão pode descobrir, mas como expressões de atitude humanas referentes à conduta que podem varia de sociedade para sociedade ou de indivíduo para indivíduo. As teorias desse tipo geralmente também sustentam que o conflito entre o direito e mesmo as exigências fundamentais da moral não basta para subtrair a uma norma seu status de direito; interpretam de modo diferente a relação "necessária" entre o direito e a moral. Esses teóricos afirmam que a existência de um sistema jurídico exige um reconhecimento amplamente difundido, embora não necessariamente universal, da obrigação moral de obedecer á lei, mesmo que esta possa ser superada, em casos específicos, pela obrigação moral mais forte de não obedecer a certas leis particularmente iníquas do ponto de vista moral.

Surge, assim, o problema das discordâncias teóricas entre as escolas que nos permitem, de fato, a formulação da seguinte oposição: Escola Moralista *versus* Escola Positivista que, com enfoques diferentes, buscam respostas para as mesmas questões, a saber: *a) qual é o caráter do direito? b) qual é o objeto do direito? c) quais são os problemas jurídicos? d) quais são os métodos e técnicas mais eficazes para a interpretação, integração e pesquisa do direito? e; e) quais as finalidades do direito?*

Logo, ao compreender as noções das diferentes escolas e modelos observamos que inexiste postura teórica e metodológica uniforme. Logo, cada modelo jurídico se debate nos meios de interpretação e integração do direito que considera existir. Isto tem uma repercussão prática. Vale destacar que, ainda nas mais brilhantes obras jurídicas, clássicas e contemporâneas, autores se declaram fieis a uma estrutura organizada de conceitos e procedimentos científicos preexistentes, defendendo uma ou outra escola, modelo, corrente teoria e acepção jurídicas.

Sabe-se, assim, generalizada a falta de uniformidade na maneira de conceber e de explicar os problemas jurídicos. A falta de uma visão unitária dos problemas apresentados nesta importante área do saber humano faz com que o jurista tenha que enfrentar verdadeiras redes de teorias e concepções que conformam as escolas e os modelos que o Direito histórico nos reserva.

5.2 A justiça como critério de correção do direito

O Direito, como toda área do saber humano é racional. Logo, um direito irracional é um direito injusto, aquele que nega e se opõe aos fins sociais. Logo, a justiça, como base da racionalidade há de ser considerada um critério importante de correção do direito.

A justiça como critério de correção do direito se dá no plano social e prático, onde o ser humano é capaz de se envolver com enunciados que se manifestam como sendo máximas ou princípios dos quais deduzimos um conhecimento. Isto porque, para que uma idéia se conheça ela deve ser manifestada de forma oral ou escrita. Assim pensamos e dizemos por meio da fala ou da escrita, isto é, transmitimos um pensamento, ou melhor, doamos uma informação que poderá ser aceita ou não (valoração).

Decerto, devemos concordar com a ideia de que nem toda verdade depende da constatação ou se verifica pela experiência; há, entretanto, verdades que derivam das nossas valorações balizadas pela Justiça e que, como dissemos, independente da experiência.

A crença na existência de uma Justiça que justifica os sonhos, a vida e a convivência se alberga na consciência (na razão e no espírito) e procede de uma essência ou condição já não mais sobrenatural.

Diz-se que a consciência se identifica com a capacidade do homem de conhecer valores, com o conhecimento mesmo, com a percepção imediata da própria experiência ou com aquela capacidade de percepção. Há, contudo, uma boa razão para entender que a consciência (sua existência e desenvolvimento) está unida à aquisição de conhecimentos pelo homem acerca de uns ou vários objetos: dados, valores ou fenômenos. Desta forma, o conhecimento é o modo de existência da consciência. Algo surge na consciência na medida em que esta conhece desse algo.

O direito é obra humana e como tal só pode ser compreendido. O direito só pode ser compreendido não âmbito da atitude referida a valor. O direito é uma infestação cultural, o direito pode ser injusto, mas só é direito por ter o sentido de ser justo. O direito é a realidade que tem o sentido de servir ao valor jurídico, à ideia do direito. O conceito de direito cumpre-se, portanto, na ideia do direito. A ideia do direito não pode ser outra senão a justiça. (RADBRUCH, 2010, 10-11, 47)

Certamente, explica Hart (2009, p. 203-204), a plena avaliação das diferentes espécies de teoria que afirma a existência de uma relação necessária entre o direito e a moral nos levam muito longe no terreno da filosofia moral. Para entender tais argumentos é necessário separar e identificar alguns problemas há muito tempo confundidos. O primeiro diz respeito à distinção, dentro da esfera geral da moral, da ideia específica de justiça e ás características especiais que explicam sua ligação particularmente íntima com o direito. A segunda se relaciona com as características que distinguem as normas e os princípios morais não apenas das normas jurídicas, mas também de todas as outras formas de norma social ou padrões de conduta. A terceira, tem a ver com os muitos sentidos e formas diferentes em que se pode dizer que as normas jurídicas e a moral se relacionam.

O ser humano é um ser racional e é com o auxílio da razão que o homem cria e pesquisa, formula e submete a prova proposições ou hipóteses. Uma das características e motivos desta segunda orientação é o fato de que o ser humano nem sempre se envolve com a realidade objetiva. Certamente, o homem é capaz de entrar em contato com um conhecimento já existente em forma de teorias (doutrinas: conjunto de opiniões, proposições ou enunciados). Nesse confronto o homem não só é capaz de pensar em forma de conceitos, juízos e deduções que significam os nexos que existem entre objetos, fenômenos e teorias, mas também sobre a oportunidade e certezas dessas teorias, ainda sem constatar a realidade que elas representam.

Um dos problemas que limita a análise e compreensão exata dos fenômenos e a construção das teorias é a separação radical da *experiência* (empirismo) da *razão* (racionalismo). Contudo, para poder compreender o fundamento de cada conhecimento precisa-se outorgar valor a ambas as dimensões, pois é nelas que se assentam as bases de todo conhecimento humano.

A consciência é impossível sem a atitude cognoscitiva do homem perante o mundo. Contudo, a compreensão do mundo objetivo gera o subjetivo, isto é, um mundo intelectual que é qualitativamente distinto do objetivo. É aqui que o conhecimento pode ser visto como atividade da consciência orientada a refletir, interpretar e transformar o mundo objetivo.

Desta forma, acreditamos existir uma Justiça auxiliadora dos processos jurídicos conhecidos: criação, interpretação e aplicação de normas. Pode-se pensar que podemos derivar essa Justiça da razão e da consciência: potencialidades primorosas de todo ser humano.

Contesta-se a existência de um Direito positivado considerando-se que, ao lado ou acima do direito historicamente revelado existe um Direito ideal, ao qual o Direito positivo conhecido se subordina. Trata-se de um Direito permanente e constante que existe como expressão necessária da própria natureza do homem. Diz-se de um Direito condicionante e universal de toda a vida prática, sendo assim fundamento tanto da Moral como do Direito Positivo. (REALE, 1969, p. 90)

Assim, o verdadeiro Direito seria aquele que não depende das mudanças sociais ou econômicas. O Direito condicionado a mudanças mundanas não é um verdadeiro Direito. É por este motivo, que se passou a considerar a existência de um direito superior (supra-normativo) e racional.

Dizemos então que este direito é fundando na Justiça que, abandonar a norma como único recurso, procura destacar a importância dos valores na compreensão e interpretação da realidade sociocultural.

Propugna-se, assim, por um positivismo inclusivo que promove a idéia de justiça, como decisiva para a resolução dos problemas que resultam dos processos de interpretação e aplicação do direito. O positivismo, nesses moldes, abandona a análise formalista do direito e reconhece que as teorias positivistas que têm como base a relação lógico-formal do direito se fundamentam num direito inativo e fracassado: "letra morta" ou "direito morto".

Ao abordar o critério de correção moral se impõe aqui a análise da justiça interna e externa da norma. A primeira fundada nos construtos normativos que são considerados injustos, por conflitar com o sistema moral reconhecido, a segunda que diz do uso e aplicação de normas, sendo que mesmo sendo internamente considerada justas, a sua interpretação e consequente aplicação contraria a moral vigorante. Neste sentido, consideramos que a eficácia do direito possui um mínimo de legitimação moral. Conclui-se, assim, que mesmo a aplicação de norma justa (justiça interna) pode gerar injustiça (justiça externa), devido a critérios racistas, religiosos, preconceituosos etc.

Assim, o conceito de justiça tem uma razão prática por envolver os aspectos da moral (valores morais) que nos ajudam na concretizados e na integração das normas.

Importa aqui a proposta de Ronald Dworkin (1999), aquela que diz do Direito como integridade. Conforme o citado autor esta orientação irá rejeitar o problema dos juízes em descobrirem ou inventarem o direito, porquanto devem atuar a partir do pressuposto de que direitos e deveres legais foram criados pela comunidade, o que expressa uma concepção coerente de justiça e equidade, onde "as proposições jurídicas são verdadeiras se constam, ou se derivam, dos princípios de justiça, equidade e devido processo legal".

Contudo, na aplicação da lei não há como se deixar de lado esses valores: vida, dignidade, respeito, equidade etc. conceitos que atuam como pano de fundo dos princípios jurídicos. A respeito dos princípios constitucionais Luís Roberto Barroso (BARROSO, 2013, p. 345) explica:

> Princípios constitucionais incidem sobre o mundo jurídico e sobre a realidade fática de diferentes maneiras. Por vezes, o princípio será fundamento direto de uma decisão. De outras vezes, sua incidência será indireta, condicionando a interpretação de determinada regra ou paralisando sua eficácia. Certamente, entre as regras e princípios constitucionais não há hierarquia jurídica, como decorrência do princípio instrumental da unidade da Constituição, embora alguns autores se

> refiram a uma hierarquia axiológica, devido ao fato de os princípios condicionarem a compreensão das regras e até mesmo, em certas hipóteses, poderem afastar sua incidência.

Dizemos que os princípios inspiram o Direito Positivo, são critérios diretivos, juízos que conectam as normas a um sistema de valores. Os princípios orientam a conduta indicando a observação de valores relativos, por exemplo, à convivência social, à dignidade, ao respeito das pessoas, ao dever de indenizar ou de restituir, ao exercício dos direitos conforme a uma finalidade social.

Podemos, assim, concluir que os princípios positivam ou envolvem valores. Os valores têm em suas características a *realizabilidade*, que é o suporte que tem na realidade e a *inexauribilidade*, que aponta para o seu significado de *dever ser*. (LAFER, 2004, p. 62)

A Vida, a paz, a liberdade, o amor etc. são valores; realizáveis, irrenunciáveis, universais e permanentes. É por isso que "o pensamento filosófico está enraizado no processo histórico-social e reflete, inevitavelmente, os conflitos dos valores e dos interesses hegemônicos com os das parcelas dominadas da sociedade". (CAFFÉ ALVES, 2004, p. 81)

Neste ponto devemos concordar com Kelsen quando afirma que as normas de uma ordem valem se estas são eficazes, noutro sentido, a ordem jurídica tem valor e utilidade somente quando for eficaz. Desta forma, a norma fundamental perderá o seu valor se não for eficaz. De nada valem as normas e princípios constitucionais se eles não se concretizam: não são observados, usados, obedecidos, efetivados, enfim, eficazes.

De fato, concordamos com Dworkin (2007, p. 333), "toda regra jurídica é sustentada e, presumivelmente, justificada por um conjunto de políticas as quais, supomos, ela faz avançar e por princípios os quais, supomos, ela deve respeitar". Algumas regras, ensina o autor, por exemplo, aquelas que proíbem o assassinato e o roubo, são sustentadas pela proposição segundo a qual os indivíduos protegidos pela lei têm um direito moral de ficarem imunes às lesões que o direito condena. Outras regras não são sustentadas pela suposição da existência de um direito subjacente; sua fundamentação deriva principalmente da suposta utilidade das políticas sociais e econômicas que promovem. Essas regras podem ser suplementadas por princípios morais, mas elas são insuficientes para validar um direito moral contra a lesão referida.

Assim, por exemplo, as regras criadas para garantir a defesa dos direitos dos consumidores se justifica pelo evidente desequilíbrio existente na relação jurídica consumerista estabelecida entre fornecedores e consumidores e elas se sustentam nos diversos princípios conhecidos: equidade, vulnerabilidade, transparência etc.

A respeito disso ensina Dworkin (2007, p. 333),

> Se uma regra jurídica específica representa uma decisão oficial que estabelece que os indivíduos têm o direito moral de não sofrerem uma determinada lesão, estamos diante um poderoso argumento contra a tolerância às violações que infligem esses danos. Por exemplo, as leis que protegem os indivíduos contra danos pessoais ou contra a destruição de suas propriedades representam tal tipo de decisão, e este é um argumento muito forte contra a tolerância da desobediência civil que envolve a prática da violência.
>
> Sem dúvida, pode ser discutido se uma lei pressupõe um direito moral. A questão é saber se é razoável supor, a partir do contexto de uma lei e de sua aplicação, que seus autores reconheciam um direito desse tipo.

Em diversos caso o direito moral não está explícito na lei, há casos em que o legislador não deixou claro o reconhecimento de um tal direito, como por exemplo, o reconhecimento dos direitos que derivam da união homoafetiva, o que obriga o julgador e até mesmo o próprio destinatário da norma a presumir tal reconhecimento.

Alguns casos, ainda, são mais complicados, principalmente, quando direitos e valores morais colidem, assim, por exemplo quando os pais não aceitam a transfusão de sangue no filho, mesmo quando definida como uma prática médica necessária á vida. Revela-se aqui um dilema que preocupa a médicos e juristas, pois, se por um lado prima a Vida, por outro a (autonomia) liberdade e a crença.

Mas, juristas e juízes se dividem. Eis que o ordenamento jurídico permite a recusa à realização da transfusão de sangue e, mesmo na Constituição Federal vemos tais direitos morais garantidos: a Vida, a Dignidade da Pessoa Humana e o direito à liberdade.

Decerto, o paciente tem o direito de se recusar a determinado tratamento médico, no que se inclui a transfusão de sangue, com fundamento no art. 5º, II, da CF, porque, por este dispositivo, fica claro que ninguém é obrigado a fazer ou deixar de fazer alguma coisa senão em virtude de lei (princípio da legalidade). (NAMBA, 2009, p. 150)

Igualmente, importa a interpretação do prescrito no art.15 do Código Civil: "*Ninguém pode ser constrangido a submeter-se, com risco de vida, a tratamento médico ou a intervenção cirúrgica*".

Admite-se, assim, a recusa às transfusões sanguíneas por motivos de foro íntimo: convicções pessoais, religiosas ou não. A leitura do artigo do Código Civil citado parece coibir a intervenção médica ou cirúrgica, com risco de vida, sem o prévio consentimento do paciente. Mas, os magistrados se dividem, porém, parece predominar a Vida como maior direito/valor moral, assim, com pode ser visto no seguinte caso.[14]

Assim, os argumentos contrários à transfusão de sangue em pacientes religiosos também se apoiam em direitos e valores morais. Consideramos, pois, os valores morais como recursos supralegais que incidem e determinam a eficácia normativa, pois balizam a aplicação do direito. Eles são definidos como aos fins últimos almejados pela sociedade. Esta relação se tornou evidente na famosa fórmula de Gustav Radbruch, cuja leitura nos ajuda a melhor entender a incidência da moral na eficácia do direito:

> [...] o Direito positivo, assegurado pela lei e pelo poder, tem preeminência mesmo quando seu conteúdo seja injusto [...], a não ser que a lei positiva contradiga a justiça em uma medida tão insuportável que a lei, enquanto 'direito incorreto', deva ceder à justiça.

Conforme explica Robert Alexy[15], Gustav Radbruch deu a conhecer a sua famosa fórmula em 1946, sob a impressão direta de doze anos de Nacional-socialismo. Com base

---

[14] Fonte: Disponível em http://www.jusbrasil.com.br/jurisprudencia/6956801/apelacao-civel-ac-595000373-rs-tjrs. Acesso em: 29 de outubro de 2010.

[15] ALEXY, Robert. *Una defensa de la fórmula de Radbruch*. En: Anuario da Facultade de Dereito da Universidade da Coruña, 2001. ["El conflicto entre la justicia y la seguridad jurídica debería poder solucionarse en el sentido de que el Derecho positivo asegurado por el estatuto y el poder tenga también preferencia cuando sea injusto e inadecuado en cuanto

nesta fórmula Radbruch tenta resolver o conflito entre Direito positivo e correção moral afirmando a tese de que só a lei perde o seu valor quando fere grosseiramente a justiça extrema, ao negar, por exemplo, os direitos do homem: dignidade, igualdade etc.). Diz-se, assim, de uma injustiça intolerável que consiste na negação sistematicamente os direitos humanos, os quais são expressões singulares da liberdade e da igualdade.

Conforme explica Alexy é fácil observar que esta fórmula consta de dois partes. A primeira diz que as leis positivas perdem sua validade jurídica se a sua contradição com a justiça atingir uma "medida insuportável". Isto pode ser designado como a "fórmula da intolerância". Na segunda parte, nega-se a natureza jurídica às leis positivas se no seu estabelecimento é negada conscientemente a igualdade, que segundo Radbruch representa o núcleo da justiça. Isto se pode denominar de 'fórmula da negação'".

A fórmula da intolerância tem um caráter objetivo. Aplica a medida da injustiça. Pelo contrário, na fórmula da negação se trata de algo subjetivo: os propósitos ou as intenções do legislador. Podem imaginar-se casos em que ambas fórmulas conduzam a resultados distintos. Assim, podemos imaginar a um legislador que pretende lograr a igualdade como núcleo da justiça, mas que leva à cabo algo insuportavelmente injusto. A principal característica da fórmula de Radbruch é que, para o autor, não exige uma coincidência completa entre o Direito e a moral. Permite que o Direito promulgado e eficaz (Direito "assegurado pelo estatuto e pelo poder") seja também válido quando injusto, e em absoluto exige uma orientação de coincidência total do Direito e moral. Porém, incorpora ao Direito um limite extremo. Em geral, é Direito aquele promulgado conforme o ordenamento e socialmente eficaz; só quando ele ultrapassar o umbral da extrema injustiça, as normas promulgadas conforme o ordenamento e socialmente eficazes perdem seu caráter

---

al contenido, a no ser que la contradicción entre la ley positiva y la justicia alcance una medida tan insoportable que la ley deba ceder como 'Derecho injusto' ante la justicia. Es imposible trazar una línea más nítida entre los casos de la injusticia legal y las leyes válidas a pesar de su contenido injusto; pero puede establecerse otra línea divisoria con total precisión: donde ni siquiera se pretende la justicia, donde la igualdad, que constituye el núcleo de la justicia, es negada conscientemente en el establecimiento del Derecho positivo, ahí la ley no es sólo 'Derecho injusto', sino que más bien carece totalmente de naturaleza jurídica."]

jurídico ou sua validade jurídica. Assim, Alexy[16], nos apresenta uma versão resumida da fórmula de Radbruch: "as normas promulgadas conforme o ordenamento e socialmente eficazes perdem seu caráter jurídico ou sua validade jurídica quando são extremadamente injustas. Mais breve ainda: a extrema injustiça não é Direito. (Tradução nossa)

Obviamente, o jurista que sustente esta tese deixa de ser juspositivista, aquela versão excludente ou não vinculante do positivismo. Um positivista define o Direito, unicamente pelo aspecto da legalidade, conforme ao ordenamento e à eficácia, vista unicamente como coação, sanção, força ou controle social. Tais são os dois elementos do conceito positivista de Direito, assim como constatado nas numerosas variações do positivismo jurídico, susceptíveis de distintas interpretações e valorações.

Consoante Robert Alexy, "em um grande número de casos, a decisão jurídica que põe fim a uma disputa judicial, expressa em um enunciado normativo singular, não se segue logicamente das formulações das normas jurídicas vigentes." Significa dizer: a par das decisões que têm por fundamento claro dispositivo legal, verifica-se, não raramente, *decidendum* cuja *ratio* se encontra externa ao ordenamento jurídico. (ALEXY, 2001, p. 33)

Resumindo, a extrema injustiça é o limite da validade e da eficácia do direito. Perde, assim, o direito, toda sua legitimidade por ser contrário à sua própria natureza e função.

---

16 ALEXY, Robert. *Una defensa de la fórmula de Radbruch*. En: Anuario da Facultade de Dereito da Universidade da Coruña, 2001. [Las normas promulgadas conforme al ordenamiento y socialmente eficaces pierden su carácter jurídico o su validez jurídica cuando son extremadamente injustas. Más breve incluso: La extrema injusticia no es Derecho.]

BIBLIOGRAFIA

ACQUAVIVA, Marcus Cláudio. *Vademecum do código do consumidor: doutrina, legislação, jurisprudência e procedimentos práticos.* São Paulo: Jurídica Brasileira, 1998.

AGUILÓ Josep. *Técnica legislativa y documentación automática de legislación.* Informática e Diritto. Milan. Ed. Ricardo Anastini. [s.f.].

ALCHOURRÓN, Carlos y BULYGIN, Eugenio. *Sobre la existencia de las normas jurídicas.* México: Distribuciones Fontamara, 1997.

ALEXY, Robert. *Teoria da Argumentação Jurídica.* Trad. Zilda Hutchinson Schild Silva. São Paulo: Landy, 2001.

________. *Una defensa de la fórmula de Radbruch.* En: Anuario da Facultade de Dereito da Universidade da Coruña, 2001.

ALVES, Jones Figueiredo e Delgado, Mário Luiz. *Novo Código Civil confrontado.* São Paulo: Método, 2003.

ARISTÓTELES. *Ética a Nicômacos.* 2. ed. Trad. de Mário da Gama Kury. Brasília: Universidade de Brasília, c 1985, 1992, p. 95-97.

________. *Os pensadores.* São Paulo: Nova Cultura. 1996.

ARPINI, Adriana. Ética social, valores y liberación. In: TEALDI, Juan Carlos. *Diccionario latinoamericano de bioética.* Bogotá: UNESCO - Red Latinoamericana y del Caribe de Bioética: Universidad Nacional de Colombia, 2008.

ARRUDA, Maria Cecília Coutinho de, e outros. *Fundamentos de ética empresarial e econômica.* 2. ed. São Paulo: Atlas, 2003, p. 22.

ASSIS, Olney Queiroz. *Interpretação do direito: estilo tópico-retórico X métodos sistemático-dedutivo.* São Paulo: Lúmen, 1995.

ATIENZA, Manuel. *As razões do direito.* São Paulo: Landy, 2002.

AUDI, Robert. *Epistemology: a contemporary introduction to the theory of knowledge.* London and New York, 1998.

BACON, Francis. *Aforismos sobre a Interpretação da natureza e o Reino do Homem* (Livro I). In Os Pensadores. São Paulo: Nova Cultura. 1996.

BALLESTEROS, Jesús. *Sobre el sentido del derecho: Introducción a la Filosofía Jurídica.* Madrid: Tecnos, 1986.

BARBAROSCH. Eduardo. *Teorías de la justicia y la metaética contemporânea.* Buenos Aires: La Ley, 2011.

BARROSO, Luís Roberto. *Curso de direito constitucional contemporâneo: os conceitos constitucionais e a construção de um novo modelo.* 4. ed. São Paulo: Saraiva, 2013.

Bíblia Anotada. Texto Bíblico: Versão Almeida, Revista e Atualizada. Trad. de Carlos Oswaldo Cardoso Pinto. São Paulo: Mundo Cristão, 1994.

BITTAR, Eduardo Carlos Bianca. *Metodologia da pesquisa jurídica.* São Paulo: Saraiva, 2001.

BOBBIO, Norberto. *A Era dos direitos.* Tradução de Carlos Nelson Coutinho. Rio de Janeiro: Elsevier, 2004.

________. *Teoría General del Derecho.* Bogotá: Temis, 1987.

________. *Teoria da Norma Jurídica.* Trad. Fernando Pavan Baptista e Ariani Bueno Sudatti. São Paulo: EDIPRO, 2001.

________. *O Positivismo Jurídico*: Lições de filosofia do direito. Tradução e notas Márcio Pugliesi, Edson Bini. Carlos E. Rodrigues. São Paulo: Ícone, 1995.

________. *Teoria do ordenamento jurídico.* 10. ed. Trad. Maria Celeste C. J. Santos. Apresentação Tércio Sampaio Ferraz Júnior. Brasília: Universidade de Brasília, 1999.

BORNHEIM, Gerd A. (organizador). *Os Filósofos Pré-socráticos.* São Paulo: CULTRIX, 1997.

BUNGE, Mario. *Tratado de Filosofia Básica. Semântica I: Sentido e Referência.* Trad. de Leônidas Hegenberg e Octanny S. da Mota. São Paulo: E.P.U Ed. da Universidade de São Paulo, 1976.

________. *Epistemologia: curso de atualização.* Trad. de Claudio Navarra. São Paulo: T. A Queiroz. Editora Universitária de São Paulo, 1980.

________. *Epistemologia.* 2. ed. São Paulo: T. A. Queiroz: Editora Universidade de São Paulo, 1987.

________. *Ciência e desenvolvimento.* São Paulo: Itatiaia, Universidade de São Paulo, 1989.

BUNNIN, Nicholas e E. P. Tsui-James. *Compêndio de Filosofia.* Trad. Luiz Paulo Rouanet. São Paulo: Loyola, 2002.

CAFFÉ ALVES, Alaôr. As raízes sociais da Filosofia do Direito: uma visão crítica. In, *O que é a filosofia do direito?* Barueri, SP: Manole, 2004.

CASTÁN Tobeñas, José. *Derecho Civil Español, Común y Foral*. Madrid, 1991.

CH. LAHR, de. *Manual de Filosofia*. 6. ed. Rio de Janeiro: Editora Proprietária: 1932.

CAÑIZARES, Fernado Diego. *Teoría del Derecho*. La Habana: Pueblo y Educación, 1979.

CARNELUTTI, Francesco. *Metodologia do direito*. Trad. Frederico A. Paschoal. Campinas: Bookseller, 2002.

COMTE-SPONVILLE, André. *Pequeno Tratado das Grandes Virtudes*. São Paulo: Martins Fontes, 1997.

DALL' AGNOL, Darlei. *Bioética*. Rio de Janeiro: Jorge Zahar Ed., 2005.

DALLARI, Dalmo de Abreu. *Direitos humanos e cidadania.* São Paulo: Moderna, 1998.

DAKE, Finis Jennings. *Bíblia de estudo*: Anotações, Esboços, Referências. Rio de Janeiro: Atos, 2009.

DESCARTES, R. *El discurso del método*. Barcelona, 1973.

DÍAZ Pairó, Antonio. *Teoría General de las Obligaciones*. Volumen I. La Habana, 1960.

DINIZ, Maria Helena. *Conceito de norma jurídica como problema de essência*. São Paulo: Rt, EDUC, 1976.

________. *Conceito de norma jurídica como problema de essência*. 2.ed. São Paulo: Saraiva, 1996.

________. *A Ciência Jurídica.* 4 ed. São Paulo: Saraiva., 1996.

________. *Compêndio de introdução à ciência do Direito*. 11. ed. atualizada São Paulo: Saraiva, 1999.

DURKHEIN, Émile. *As Regras do Método Sociológico.* Trad. Pietro Nassetti. São Paulo: Martin Claret, 2001.

DWORKIN, Ronald. *O Império do Direito.* Trad. Jefferson Luiz Camargo. São Paulo: Martins Fonte, 1999.

________. *Levando os direitos a sério*. Tradução Nelson Boeira. 2. ed. São Paulo: Martins Fontes, 2007.

ENGELS, Federico. *Anti Dühring*. La Habana: Orbe, 1961.

________. *Ludwig Feuerbach y el fin de la filosofía clásica alemana.* Moscú: [s.d].

ENGISCH, Karl. *Sentido e estrutura da regra jurídica. In*: Introdução ao pensamento jurídico. Lisboa, Fundação Calouste Gulbenkian, 1964.

________. *Introdução ao Pensamento Jurídico.* Lisboa, Fundação Calouste Gulbenkian, 1983.

ESCOBAR, Carlos Henrique de. *As Ciências e a Filosofia*. Rio de Janeiro: Imago Editora, 1975.

FERRACINI, Luiz Alberto. *A lógica no sistema jurídico*. Campinas: Agá Júris, 2000.

FERRAZ JR Tércio Sampaio. *A ciência do direito*. 2. ed. São Paulo: Atlas, 1980.

________. *Teoria da norma jurídica: ensaio de pragmática da comunicação normativa.* Rio de Janeiro, Forense, 1978.

________. *Introdução ao estudo de direito: técnica, decisão, dominação*. São Paulo: Atlas, 1994.

FERREIRÓS, Aquilo Iglesia. *La creación del Derecho. Una historia de la formación de un derecho estatal español. Manual* I. España: Signo, 1992.

FREUND, Julien. *Sociologia de Max Weber*. 5. ed. Rio de Janeiro: Forense Universitária, 2003.

GENARO R. Carrió. *Notas Sobre Derecho y Lenguaje*. 2. ed., Buenos Aires, 1990.

HABERMAS, Jürgen. *Facticidad y validez*. Madri: Trotta, 1998.

________. *La lógica de las ciencias sociales.* Trad. Manuel Jiménez Redondo. Madri: Tecnos, 1996.

HART Herbert L. A. *O Conceito de Direito*. 2. ed. Lisboa: Fundação Calouste Gulbenkian, 1994.

________. A. *Direito, liberdade, moralidade*. Tradução de Gérson Pereira dos Santos. Porto Alegre, Fabris, 1987.

________. *O Conceito de Direito*. Pós-escritos organizado por Penelope A. Bulloch e Joseph Raz; tradução de Antônio de Oliveira Sette-Câmar; revisão da tradução Marcelo Brandão Cipolla; revisão da tradução técnica Luiz Vergílio Dalla-Rosa. São Paulo: Editora WMF Martins Fontes, 2009.

________. ¿Existen los Derechos Naturales? Este ensayo se publicó en *The Philosophical Review,* Vol. 64 (1955) y posteriormente fue incluido en *Human Rights* (1970), libro editado por A. I. Melden. Su traducción y publicación en este número cuentan con la debida autorización.

HARE, R.M. *A linguagem da moral.* Trad. Eduardo Pereira e Ferreira. São Paulo: Martins Fontes, 1996.

G. W.F. Hegel. *Lógica.* Aguilera, Madrid, 1971.

HERREN Aguillar, Fernando. *Metodologia da Ciência do Direito.* 2. ed. São Paulo: Max Limonad, 1999.

________. *Metodologia da Ciência do Direito.* 3. ed. São Paulo: Max Limonad, 2003.

HOBBES Thomas, de Malmesbury. *Leviatã ou Matéria, Forma e Poder de um Estado Eclesiástico e Civil.* Tradução de João Paulo Monteiro e Maria Beatriz Nizza de Silva. São Paulo: Nova Cultura, 1997.

________. *Leviatã, ou A matéria, forma e poder de um estado eclesiástico e civil.* Trad. Rosina D'Angina. São Paulo: Ícone, 2000.

________. *Do cidadão.* 3. ed. Trd. Renato Janine Ribeiro. São Paulo: Martins Fontes, 2002.

HUSSERL Edmund. *Investigações Lógicas.* (Elementos de uma elucidação fenomenológica do conhecimento). Os pensadores. São Paulo: Nova Cultura. 1996.

________. *Ideas relativas a una fenomenología pura y una filosofia fenomenológica,* México, 1962.

JAYME, Fernando G. *Direitos humanos e sua efetivação pela corte interamericana de direitos humanos.* Belo Horizonte: Del Rey, 2005.

KANT, Emmanuel. *Crítica da Razão Pura.* Trad. J. Rodrigues de Mereje. Rio de Janeiro: Tecnoprint. (s/d).

________. *Crítica da Razão Pura.* Trad. Alex Marins. São Paulo: Martin Claret, 2003.

KAUFMANN, Arthur. *Filosofia do direito.* Trad. de António Ulisses Cortês, Lisboa, Calouste Gulbenkian, 2004.

________. A problemática da filosofia do direito ao longo da história. In: A. Kaufmann e W. Hassemer (orgs.), *Introdução à filosofia do direito e à teoria geral do direito contemporâneas*, tradução de Marcos Keel e Manuel Seca de Oliveira, Lisboa, Calouste Gulbenkian, 2002.

KELSEN, Hans. *A Justiça e o Direito Natural.* Coimbra: Armênio Amado, 1979.

________. *Teoria Geral das Normas.* (trad. José Florentino Duarte). Porto Alegre:Sérgio Antônio Fabris Editor, 1986.

________. *Teoria Pura do Direito.* Tradução João Baptista Machado. 4 ed. São Paulo: Martins Fontes, 1995.

________. *Teoria Geral do Direito e do Estado.* Tradução Luis Carlos Borges. São Paulo: Martins Fontes, 1998.

________. *Teoria Geral do Direito e do Estado*. Tradução de Luis Carlos Borges, São Paulo, Martins Fontes, 2000.

________. *O problema da justiça.* Tradução de João Baptista Machado. 3. ed. São Paulo: Martins Fontes, 1998.

________. *A ilusão da justiça.* Tradução Sérgio Tellaroli; revisão técnica Sérgio Sérvulo da Cunha. 4. ed. São Paulo: Martins Fontes, 2008, p. 8.

KELSEN, Hans & COSSIO, Carlos. *Problemas Escogidos de la Teoría Pura del Derecho (Teoría Egológica y Teoría Pura).* Buenos Aires, 1952.

KELSEN – KLUG. *Normas Jurídicas e Análise Lógica. Correspondência 1959-1965.* Trad. Paulo Bonavides. Rio de Janeiro: Forense, 1984.

KONSTANTINOV, F. at el. *Fundamentos de filosofia marxista-lenista. Materialismo dialético.* La Habana: Ciencias sociales, 1976.

LAFER, Celso. Filosofia do Direito e Princípios Gerais: considerações sobre a pergunta "O que é a Filosofia do Direito". In, *O que é a filosofia do direito?* Barueri, SP: Manole, 2004.

LAKATOS, Eva Maria e Marina de Andrade Marconi. *Metodologia Científica.* 3. ed. São Paulo: Atlas, 2000.

LARENZ, Karl. *Metodologia da Ciência do Direito.* 2. ed. Trad. de José Lamego. Rev. de Ana de Freitas. Lisboa: Fundação Calouste Gulbenkian. 1983.

LEIBNIZ Gottfried, Wilhelm. *Novos Ensaios Sobre o entendimento Humano.* In Os pensadores. São Paulo: Nova Cultura. 1996.

________. *Novos Ensaios Sobre o Entendimento Humano.* In Os Pensadores. Trad. Luiz João Baraúna. São Paulo: Nova Cultura, 2000.

________. *Nuevo tratado sobe el entendimiento humano.* Aguilar. Madrid, 1970.

LÉRTORA, Celina. Valores culturales. In: TEALDI, Juan Carlos. *Diccionario latinoamericano de bioética*. Bogotá: UNESCO - Red Latinoamericana y del Caribe de Bioética: Universidad Nacional de Colombia, 2008.

LOCKE, John. *Segundo Tratado Sobre o Governo.* Trad. Alex Marins. São Paulo: Martin Claret, 2002.

________. *Ensaio Acerca do Entendimento Humano*. *In*: os Pensadores. Trad. Anoar Aiex. São Paulo: Nova Cultura, 1999.

LUDWIG. Wittgenstein. *Investigações Filosóficas*. Trad. José Carlos Bruni. São Paulo: Nova Cultura, 1999.

NALINI, José Renato. *Ética e justiça*. São Paulo: Oliveira Mendes, 1998.

NAMBA, Edison Tetsuzo. *Manual de bioética e biodireito*. São Paulo: Atlas, 2009, p. 150.

NEDEL, José. *A teoria ético-política de John Rawls: uma tentativa de integração de liberdade e igualdade*. Porto Alegre: Edipucrs, (Coleção Filosofia, nº. 108), 2000.

MIRANDA, Pontes de. *Sistema de Ciência Positiva do Direito*. 2. ed. Rio de Janeiro: Borsoi, t. IV, 1972.

MIRANDA Rosa, Felippe Augusto de. *Sociologia do Direito. O fenômeno jurídico como fato social*. 13. ed. Jorge Zahan Editor. Rio de Janeiro, 1996.

MONTORO, André Franco. *Estudos de filosofia do direito*. São Paulo: Saraiva, 1999.

MORAES, Alexandre de. *Direitos humanos fundamentais:* teoria geral, comentário aos arts. 1º a 5º da Constituição da República Federativa do Brasil, doutrina e jurisprudência. São Paulo: Atlas, 1998.

OLIVEIRA DA SILVEIRA, Vladmir. *O direito ao desenvolvimento na doutrina humanista do direito econômico.* Tese de doutorado em Direito. Pontifícia Universidade Católica. São Paulo: 2006.

OLIVEIRA, Silvio Luiz de. *Tratado de Metodologia Científica.* Projetos de Pesquisas, TGI, TCC, Monografias, Dissertações e Teses. 2. ed. São Paulo: Pioneira, 1999.

PARDIÑAS, Felipe. *Metodologia y técnicas de investigación en ciencias sociales*. 3. ed. La Habana: Instituto cubano Del Libro, 1971.

PAULA Baptista, Francisco de. *Compendio de Hermenêutica Jurídica*. São Paulo: Saraiva, 1984.

PERELMAN, Chaïm, *Ética e direito*. Trad. Maria Ermantina de Almeida Prado Galvão. 2. ed. São Paulo: Martins Fontes, 2005.

PLANIOL, Marcelo y Jorge Ripert. *Las Obligaciones*. La Habana: Cultural, S.A. Tomo Sexto. Primera Parte 1936.

PLATÃO. *Fédon*. Trad. Miguel Ruas. 4. ed. São Paulo: Atena, 1960.

POPPER, Karl. R. *A lógica da pesquisa científica*. Tradução de Leonidas Hegenberg e Octanny Silveira da Mota. São Paulo: Cultrix, 1972.

________. *Conhecimento objetivo: uma abordagem evolucionária.* Trad.. de Milton Amado. Belo Horizonte: Itatiaia, 1999.

PRÉ-SOCRÁTICOS. *Os pensadores*. São Paulo: Nova Cultura. 1996.

RADBRUCH, Gustav. *Filosofia do direito.* Trad. Marlene Holzhausen; Rev. Sérgio Sérvulo da Cunha. 2. ed. São Paulo: WMF Martins Fontes, 2010.

RAMOS Arias, J. *Derecho Romano*. Selección de textos latinos. Editorial Revista de Derecho Privado. Vol. 3. Madrid, 1943.

RAWLS, John. *Uma Teoria da Justiça.* 2. ed. São Paulo: Martins Fontes, 2002.

________. *A Theory of Justice* (Edição revisada de 1975). Cambridge: Harvard University Press, 1999. Tradução utilizada: *Uma Teoria da Justiça.* 4. ed. São Paulo: Martins Fontes, 2000.

________. *Justiça e Democracia.* Tradução de Irene Paternot. São Paulo: Martins Fontes, 2000. p. 256-257.

________. *O Liberalismo Político*. Tradução de Dinah de Abreu Azevedo. Brasília: Instituto Teotônio Vilela; São Paulo: Ática, 2002b. p. 377.

________. *O Direito dos Povos*: Seguido de A Idéia de Razão Pública Revista. São Paulo: Martins Fontes, 2001, p. 8.

REALE, Miguel. *Filosofia do Direito*. 5. ed. revista e aumentada. São Paulo: Saraiva, 2 vol, 1969.

________. *Fundamentos do Direito.* 3. ed., São Paulo: Revista dos Tribunais, 1998.

________. *Teoria tridimensional do direito*. 5. ed. São Paulo: Saraiva, 2000.

________. *Experiência e cultura.* 2. ed. Campinas: Bookseller, 2000.

________. *Lições Preliminares de direito*. 25. ed. São Paulo: Saraiva, 2001.

________. *Filosofia do Direito*. 20. ed. São Paulo: Saraiva, 2002.

RICOEUR, Paul. *Teoria da Interpretação: o discurso e o excesso de significação*. Lisboa: Edições 70, 1976.

ROBLES, Gregorio. *O direito como texto: quatro estudos de teoria comunicacional do direito*. Trad. de Roberto Barbosa Alves. Barueri, São Paulo: Manole, 2005.

ROCHA, Walmir Rodrigues; FRANÇA, Amilton de. *A justiça e o Direito na História da Filosofia e do Direito*. São Paulo: Anhanguera Editora Jurídica – Leme/SP, 2010.

RODRIGUES, Dirceu A Victor. *Dicionário de brocardos jurídicos*. São Paulo: Ateniense, 1994.

ROSS, Alf. *Direito e Justiça*. Trad. Edson Bini. Bauru, S P: EDIPRO, 2000.

RUSSELL, Bertrand. *Análise da Matéria.* Trad. Nathanael C. Caixeiro. Rio de Janeiro: ZAHAR, 1978.

SABADELL, Ana Lucia. *Manual de Sociologia Jurídica: Introdução a uma leitura externa do Direito.* São Paulo: Rt. 2000.

SALDANHA Nelson. *Sociologia do Direito.* 3. ed. São Paulo: Rt, 1989.

SANDEL, Michael. *Justiça – O que é fazer a coisa certa.* Tradução Heloisa Matias e Maria Alice Máximo. 10. ed. Rio de Janeiro: Civilização Brasileira, 2013.

SANTO AGOSTINHO. *Confissões*. In *Os pensadores*. São Paulo: Nova Cultura. 1996.

SANTO TOMÁS DE AQUINO. *As vias que levam a Deus*. In *Os pensadores*. São Paulo: Nova Cultura. 1996.

SEARLE, John R. *Filosofia contemporânea nos Estados Unidos*, in BUNNIN, Nicholas e E.P. Tsui-James (orgs). "Compendio de Filosofia". São Paulo: Loyola, 2002.

SIQUEIRA Abrão Bernadette (Org.). *História da Filosofia*. São Paulo: Nova Cultural, 1999.

SILVA, Paulo Cesar da. Os valores fundamentais e o Biodireito. In: RAMPAZZO, Lino; SILVA, Paulo Cesar da (Orgs.). *Pessoa, Justiça Social e Bioética*. Campinas: Alínea, 2009.

SKORUPSKI, John. *Ética*, in BUNNIN, Nicholas e E.P. Tsui-James (orgs). "Compêndio de Filosofia". São Paulo: Loyola, 2002.

SILVEIRA, Alípio. *Hermenêutica no direito brasileiro*. São Paulo: Rt, 1968.

SIQUEIRA, Abrão Bernadette (org.) *História da Filosofia*. In os Pensadores. São Paulo: 1999.

SCHOPENHAUER, A. *Sobre la cuádruple raíz del princípio de razón suficiente*. Aguilar, Madrid, 1968.

TEALDI, Juan Carlos. *Diccionario latinoamericano de bioética*. Bogotá: UNESCO - Red Latinoamericana y del Caribe de Bioética: Universidad Nacional de Colombia, 2008.

TRUJILLO Ferrari, Alfonso. *Metodologia da pesquisa científica*. São Paulo: McGraw-Hill do Brasil, 1982.

VASCONCELOS, Arnaldo. *Teoria da Norma Jurídica*. 3. ed. São Paulo: Malheiros, 1993.

VILANOVA. Lourival. *As Estruturas Lógicas e o Sistema do Direito Positivo*. 2 ed. São Paulo: Max Limonad, 1997.

________. *Causalidade e Relação no Direito*. 4. ed. revista, atualizada e ampliada. São Paulo: Rt. 2000.

VILLORIA Mendieta, Manuel. *Ética pública y corrupción: Curso de ética administrativa*. Madrid: Tecnos, 2000.

VON WRIGHT, Georg Henrik. *Norma y acción: una investigación lógica*. dri, Editorial Tecnos, 1970.

WILLIAMS, Bernard. *Moral: uma introdução à ética*. Trad. Remo Mannarino Filho; revisão da tradução Maarcelo Brandão Cipolla. São Paulo: Martins Fontes, 2005.

Printed in Dunstable, United Kingdom

91341901R00057